Moacir Gadotti

PEDAGOGIA DA TERRA

EDITORA
PeirópoliS

Copyright © 2000 by Moacir Gadotti

Editora responsável
Renata Farhat Borges

Coordenação editorial
Rosania Pereira dos Santos

Coordenadores da série
Valkiria Iacocca
Marco Polo Rodrigues Henriques

Capa
Walter Mazzuchelli

Preparação e revisão
Daniela Bessa Puccini
Viviane Akemi Uemura

Editoração eletrônica
AGWM Artes Gráficas

Dados Internacionais de Catalogação na Publicação (CIP)
(Câmara Brasileira do Livro, SP, Brasil)

Gadotti, Moacir, 1941 –
    Pedagogia da terra / Moacir Gadotti ; prefácio
Ângela Antunes ; apresentação José
Eustáquio Romão ; leituras e questões para
aprofundamento Gustavo Cherubine e Natalia Bernal.
— São Paulo : Peirópolis, 2000. — (Série Brasil Cidadão)

    Bibliografia.

    ISBN 978-85-85663-44-5

    1. Desenvolvimento sustentável 2. Ecologia humana
3. Educação ambiental 4. Política ambiental
I. Título. II. Série.

00-1360   CDD-370.115

Índices para catálogo sistemático:

1. Ecopedagogia : Educação   370.115

7ª reimpressão – 2013

Todos os direitos reservados à
Editora Fundação Peirópolis Ltda.
Rua Girassol, 128 – Vila Madalena
05433-000 – São Paulo – SP
Tel. (11) 3816-0699 e fax (11) 3816-6718
e-mail: editora@editorapeiropolis.com.br
www.editorapeiropolis.com.br

Impressão e acabamento: Yangraf Gráfica e Editora

UM BRINDE AO SÉCULO XXI

Quando idealizamos a série de livros *Brasil Cidadão*, nosso objetivo como editores foi justamente brindar a chegada do século XXI com obras que buscam despertar nos cidadãos brasileiros a confiança em si mesmos e a certeza de seu enorme potencial. A sociedade brasileira nunca esteve tão atenta às mazelas de suas instituições e instituídos e, ao mesmo tempo, tão carente de soluções alternativas para o impasse generalizado que se arrasta há décadas nos mais diversos setores sociais. Por isso, *Brasil Cidadão* também tem a ousadia de fazer um balanço e trazer as perspectivas apontadas por alguns dos principais pensadores nacionais em áreas cruciais como educação, desenvolvimento sustentado, economia, cultura e sociedade.

O que há em comum entre os volumes que compõem está série é o mais absoluto senso de cidadania. E é a partir da interação entre um país inquieto e a expansão da consciência de cidadania que nasce o sentimento pela redescoberta do Brasil, cuja força ganha impulso nas páginas que integram os volumes da série *Brasil Cidadão*. Com vocês, leitores, obras capazes de pensar a nova realidade que se apresenta como mistério e desafio e lançar as bases para a construção de um país melhor.

Valkiria Iacocca
Marco Polo Henriques
Coordenadores

Série Brasil Cidadão

Agradeço as contribuições e sugestões recebidas particularmente de: Francisco Gutiérrez, Carlos Alberto Maldonado, Fábio Cascino, Jason Ferreira Mafra, Ângela Antunes, Paulo Roberto Padilha, José Eustáquio Romão, Paulo Silveira, Natalia Bernal e Gustavo Belic Cherubine.

A **Francisco Gutiérrez** e **Cruz Prado**, inspiradores deste livro.

A **Paulo Freire**, que queria escrever sobre esse tema e assistir à passagem do milênio, mas lhe faltou tempo.
"Quero ser lembrado como alguém que amou a Terra", dizia ele.

A **Tainá**, meu elétrico "Pikachu", o mais delicado e poderoso Dos pokémons, pela alegria de viver.

A **Tábata**, meu pokémon "Togepi", bebê pré-histórico, Protegido de "Pikachu" em suas viagens pelo tempo-espaço.

Sumário

Prefácio

TERRA VIVA

Ângela Antunes
Diretora técnico-pedagógica do Instituto Paulo Freire

Antes de iniciar este prefácio sinto necessidade de confessar ao leitor que durante muito tempo carreguei comigo uma forte resistência a ler, escrever e falar sobre ecologia ou qualquer assunto relacionado a este tema. Faltavam-me saberes que me permitissem reconhecer sua importância. Os versos de Bertold Brecht — "que tempos são esses em que falar em árvores é quase um crime pois significa silenciar sobre tantas outras coisas" — traduziam com precisão meus sentimentos e convenciam-me de que havia preocupações mais urgentes.

Com o passar do tempo, fui revendo minha posição em relação a essa questão. As primeiras resistências venci pela convivência com as crianças, em especial um irmão temporão, e depois com meus sobrinhos e sobrinhas. Eles reeducaram meu olhar. Com eles, voltei, depois de adulta, a prestar atenção no vento que leva as pipas para o alto, no sol que vai dormir atrás da montanha, na lua querendo habitar meus olhos, na "pequena flor que recebeu uma chuva enorme e se esforça por sustentar o oscilante cristal das gotas na seda frágil e preservar o perfume que aí dorme", (Cecília Meireles) na água fresca e cristalina que sai da fonte... Eu havia me esquecido da importância dessa beleza e desses prazeres fundamentais à existência humana. Redescobrindo essa beleza, o lixo das ruas, o esgoto a céu aberto, o céu cinzento da cidade de São Paulo, os intermináveis engarrafamentos, as favelas, as filas nos postos de saúde dos bairros da periferia, os ônibus e trens lotados, o "olhar indiferente de quem passa pelo jardim" (Mário Quintana) começaram a ganhar nova dimensão em minha vida.

Paralelamente à vivência desse processo, descobri no meu trabalho, no Instituto Paulo Freire, que o autor deste livro não tinha a mesma aversão pelo tema. Veio entusiasmado falar-me sobre a necessidade de nos prepararmos para uma grande conferência sobre a *Carta da Terra,* que se realizaria em 1999. Estávamos no ano de 1994. Apesar de estar revendo algumas certezas em relação a essa questão, minha primeira reação em relação à proposta foi de desdém, descrença e desconfiança: *Carta da Terra?*! Mas e a

Declaração dos Direitos do Homem? Somos quase seis bilhões a habitar a Terra. Vinte e cinco por cento da população total vive abaixo do nível de pobreza. Um bilhão de pessoas são analfabetas, 800 milhões sofrem de desnutrição crônica... Não conseguimos nem respeitar os direitos do homem, como pensar na terra, nas plantas, nos animais? E como pensar numa atividade que só acontecerá daqui a 5 anos?! Para que planejar com tanto tempo de antecedência? Vamos deixar mais para frente, afinal de contas tanta coisa pode "rolar" até lá, não é?

Não era. Não era uma simples conferência. Era um movimento. Um movimento em rede, cujo número de nós era infinito. Uma rede em permanente tecitura. Que tinha como um de seus resultados um documento intitulado "Carta da Terra". Mas, mais do que isso, ela seria a vivência de novos valores, de novas atitudes, de um novo olhar e agir sobre o planeta Terra. E, obviamente, o ser humano não estava excluído. E o tempo não era longo demais. E não se tratava apenas de terra, planta, animais. Ele me falava do planeta Terra. De tudo que nele há. Dos diferentes tipos de vegetação, de clima, de valores, crenças, mitos, ritos, de políticas econômicas, educacionais, de buscas para solucionar problemas comuns em países tão distantes geograficamente e tão próximos nas misérias e necessidades. Falava-me das políticas ambientais do Primeiro Mundo, que adotam medidas de preservação da natureza em seus países descarregando lixo nos portos do Terceiro Mundo. Dos habitantes desse planeta em sua luta pela construção de um mundo melhor. Que a dor da exploração que as crianças do Brasil, submetidas a trabalho escravo, sentem é irmã da dor que sentem as crianças nas Filipinas. Que a discriminação dói em seres humanos que dela são vítimas, seja lá qual for a parte do planeta chamado Terra em que eles estiverem. Falava-me das necessidades artificiais que se criam no norte do mundo para entregar "sob encomenda" ao sul, confundindo qualidade de vida com quantidade de coisas compradas. Falava "da rosa de Hiroxima, a rosa hereditária, a rosa radioativa, estúpida e inválida" (Vinícius de Morais), que, lançada a tantos quilômetros de distância de nós, tornou-nos próximos na vergonha, na indignação, na revolta e na certeza de que não desejamos experiência semelhante sobre o planeta. Lembrou-me de que somos um povo que criou a tarantela, o maracatu, o flamenco, *Guernica, Retirantes, Criança Morta, Monalisa, Pietá, o Pensador, Jesus, Alegria dos Homens,* a Nona Sinfonia etc. Sabemos dançar, pintar, esculpir, cantar, tocar, fotografar... Pela primeira vez, senti a Terra viva, única. Pela primeira vez, pensei numa única nação e num único povo. Comecei a me reconhecer cidadã de um planeta.

Na escola, eu tinha visto a Terra tão diferente. Aprendemos que é um dos nove planetas que giram em torno do Sol e que é uma grande esfera rochosa. Após a primeira viagem ao redor desta esfera feita pelos astronautas, aprendemos que ela parece azul porque os oceanos, mares e lagos ocupam sete décimos de sua superfície e que está coberta de redemoinhos brancos que são nuvens e que podem formar os chamados furacões. O planeta normalmente parece manso. Em sua superfície existem lindas paisagens, umas regiões são mais quentes do que outras. Em muitos lugares, sobretudo nos terrenos elevados, com montanhas e vulcões, pode nevar. As nuvens trazem e levam a chuva. Existem lindas florestas, savanas e pradarias. A maioria das pessoas vive nas planícies, principalmente nas mais férteis. O homem transformou essa paisagem construindo enormes conglomerados de casas e edifícios – as cidades – e aprendeu a cultivar o solo e a construir estradas. Pelo que sabemos, é o único planeta em que existe vida. O seu interior é muito quente e seu solo é rico em minerais e vegetais. Os mares e oceanos ocupam a maior parte de seu território, seus rios abrem caminhos suavemente pela sua superfície, cavando seu leito, formando lagos e cachoeiras, fluindo para o mar. Os homens e as mulheres que habitam esse planeta são um sucesso. Construíram máquinas de todos os tipos para terra, água e ar.

Pouco me falaram de como a Terra foi dominada, submetida, escravizada, dividida em países com imensas e terríveis fronteiras. Não me falaram de um planeta despedaçado, mutilado e estéril pela lógica de um sistema de produção que não vê a natureza como parte de nós e que pouco se preocupa com sua destruição, cuidando apenas para que o paraíso daqueles que a comandam esteja garantido, como se, no limite, fosse possível.

Estudei a Terra como se estivesse dissecando uma barata. Conheci suas camadas, sua origem, suas características. Não me explicaram a relação entre as precárias condições de vida e a política econômica, industrial, ambiental. Isentaram-me de qualquer responsabilidade quanto ao esgoto a céu aberto, quanto ao lixo espalhado pelas ruas perto de casa e da escola, quanto às inúmeras transportadoras que foram se instalando no bairro onde eu vivia, com seus galpões enormes, construídos à custa da destruição de grandes áreas verdes etc. Nunca tive na escola a oportunidade de plantar uma árvore, de colher os legumes de uma horta, de chupar deliciosamente uma manga colhida do jardim da escola, de observar atentamente a beleza da joaninha. Ouvi, escrevi. Pouco senti. Vivenciei menos ainda.

Neste livro, os leitores viajarão por uma Terra desconhecida, ainda criança, dando seus primeiros passos para a busca de uma vida saudável. Moacir Gadotti viaja com a mente de um filósofo e o coração de um poeta. Aos poucos, nós, leitores, vamos compreendendo a dimensão da palavra "glocal": local, mas não isolado do global. Vamos nos reconhecendo cidadãos planetários que, mais do que os direitos do homem, querem os direitos da Terra, garantindo vida digna a todos os habitantes deste planeta. Vamos mergulhando nas implicações educacionais desse novo olhar para o planeta Terra.

O autor aprofunda suas teses, apresentadas inicialmente em seu livro *Perspectivas atuais da educação*, sobre ecopedagogia e educação sustentável, que hoje ele chama de pedagogia da Terra. Retoma a discussão e organiza de forma sistemática, clara e didática uma série de temas: transdisciplinaridade, sustentabilidade, ética, cidadania planetária, globalização etc. Discute a relação entre educação ambiental e ecopedagogia, além de falar da *Carta da Terra* como um código de ética planetário e da *Agenda 21*. Adverte-nos, ainda, de que não há nenhuma possibilidade de um desenvolvimento sustentável numa sociedade capitalista. O sonho de um capitalismo ecológico é insustentável. Ele critica o modelo atual de globalismo, a visão e a prática capitalistas da globalização, e reforça a necessidade de ecologizar a economia.

Inspirado, entre outros, por Fernando Pessoa, que afirma "sou do tamanho do que vejo", o autor procura educar o olhar em direção a uma consciência planetária, com base nas práticas de uma sociedade sustentável e de uma cidade saudável.

Como afirma Leonardo Boff, a Terra é o maior de todos os pobres. Ela é oprimida por um modo de produção não só explorador da força de trabalho, mas também aniquilador, destruidor da natureza, exaurindo todos os seus recursos. A ecopedagogia, para o Instituto Paulo Freire, só tem sentido como parte da *pedagogia do oprimido* (Paulo Freire) que desejamos ver reinventada.

Moacir Gadotti revela a Terra como novo paradigma – a Terra vista como uma única comunidade – para reorientar a prática pedagógica. Como o autor é filósofo da educação, o livro aborda categorias e conceitos filosófico-pedagógicos, oferecendo inúmeros exemplos concretos de experiências que os incorporam, sugestões de leitura, bem como questões elaboradas por Gustavo Cherubine e Natália Bernal para reflexão e aprofundamento dos temas.

Passados seis anos no Instituto Paulo Freire, estou aqui aceitando o desafio de fazer este prefácio. O I Encontro Internacional da *Carta da Terra na Perspectiva da Educação* – tão distante em 1994 – foi realizado em agosto de 1999 e contou com a participação de 23 países, trazendo suas contribuições e selando o compromisso dessa busca coletiva e planetária por uma Terra sustentável. Hoje consigo ver a Terra como organismo vivo e em evolução e não dissocio a emancipação do ser humano da luta por um planeta saudável.

Está lançado o convite a esta leitura. Aos que o aceitarem, terão a oportunidade de fazer uma densa e enriquecedora reflexão sobre as teses do autor em torno da ecopedagogia. Por vezes, desfrutarão de pequenas felicidades proporcionadas pela delicadeza e profundidade com que o autor aborda os temas. Em vários momentos fui tocada pela emoção. A emoção que só os poetas nos proporcionam. Lembrei-me de um texto de Cecília Meireles, minha autora preferida, em que ela, falando da "arte de ser feliz", conta: "Houve um tempo em que minha janela se abria sobre uma cidade que parecia ser feita de giz. Perto da janela havia um pequeno jardim quase seco. Era uma época de estiagem, de terra esfarelada, e o jardim parecia morto. Mas todas as manhãs vinha um pobre com um balde, e, em silêncio, ia atirando com a mão umas gotas de água sobre as plantas. Não era uma rega: era uma espécie de aspersão ritual, para que o jardim não morresse. E eu olhava para as plantas, para o homem, para as gotas de água que caíam de seus dedos magros e meu coração ficava completamente feliz. Às vezes abro a janela e encontro o jasmineiro em flor. Outras vezes encontro nuvens espessas. Avisto crianças que vão para a escola. Pardais que pulam pelo muro. Gatos que abrem e fecham os olhos, sonhando com pardais. Borboletas brancas, duas a duas, como refletidas no espelho do ar. Marimbondos que sempre me parecem personagens de Lope de Vega. Às vezes, um galo canta. Às vezes, um avião passa. [...] E eu me sinto completamente feliz. Mas, quando falo dessas pequenas felicidades certas, que estão diante de cada janela, uns dizem que essas coisas não existem, outros que só existem diante das minhas janelas, e outros, finalmente, que é preciso aprender a olhar, para poder vê-las assim".

Moacir Gadotti, com sensibilidade e competência, orienta-nos o olhar na perspectiva da ecopedagogia, ensinando-nos, entre outros saberes, que, da janela do quintal, podemos ver o mundo.

PLANETARIDADE

José Eustáquio Romão
Diretor do Instituto Paulo Freire

Ao contrário da Ângela, nunca tive resistência ao trato com os problemas ecológicos ou ambientalistas. Contudo, nas minhas aproximações com o tema, seja na pesquisa bibliográfica, seja na experiência concreta – ora em órgãos governamentais, ora em movimentos da sociedade civil –, deparei-me com duas concepções ou reações que me assustaram. A primeira delas tratava-se de uma espécie de "boy-scoutismo" generoso, mas ingênuo. A segunda, resvalando o misticismo, denunciava uma espécie de romantismo teologizado, mas envergonhado porque insistia e insiste em apresentar os questionamentos e, principalmente, as soluções de um modo positivistamente científico.

Incomodava-me e incomoda-me a falta de historicidade nas duas posições mencionadas, pois ora esbarrava-me com "defensores incondicionais do meio ambiente natural" – e aí me vinham também as dúvidas tão bem destacadas por Ângela quando cita Brecht –, ora defrontava-me com verdadeiros – perdoe-me o termo – "ecoloucos".

Causava-me desconforto a ausência de um fundamento político nas discussões sobre o tema.

Conforme está narrado na *Pedagogia da Terra*, a ecopedagogia é um dos carros-chefes do Instituto Paulo Freire, e o é em boa hora, no sentido de conferir um conteúdo político à discussão do tema e, ao mesmo tempo, torná-lo centralidade dos sistemas pedagógicos. Não seria ele um *tema gerador* obrigatório do novo século, já que tanto sua riqueza e complexidade linguística quanto sua relevância social são essenciais, dadas as ameaças que pairam sobre o planeta? Neste sentido, é bom nunca esquecer que tais ameaças não se constituíram naturalmente nem derivam de eventos astronômicos, mas de intervenções históricas humanas, de modo irresponsável e aético, no meio ambiente.

Por isso, tenho insistido tanto na ideia que foi vislumbrada por Octávio Ianni e que penso deva ser mais desenvolvida: a Terra, numa perspectiva planetária, não deve mais ser considerada como fenômeno astronômico, mas como um fenômeno histórico. Ou seja, temos de ver a histórica do homem numa perspectiva planetária, debitando na conta dos responsáveis os desequilíbrios ecológicos que ameaçam a existência de todos os seres – animados e inanimados – sobre o globo.

A leitura dos originais da *Pedagogia da Terra* preenchem uma lacuna que me incomodava nas abordagens do tema ecológico.

De início, já no capítulo 1, o conceito de "planetaridade" anuncia, de modo inteiramente antagônico ao globalismo burguês, a responsabilidade de todos pelo futuro comum da humanidade, ao mesmo tempo que augura uma cidadania que nos une a todos, sincrônica e historicamente.

Parafraseando Lutero, "o núcleo de humanidade que nos distingue dos demais seres não tem alfândegas". Ou seja, a capacidade humana de transcender limites geográficos, de superar constrangimentos físicos, de ultrapassar a barreira do tempo pela comunicação do saber através das gerações obriga-nos, a nós, homens e mulheres que vivemos este momento histórico carregado de potencialidades unificadoras, à responsabilidade de salvar o planeta, tornando-o mais habitável, curando as feridas que já deixamos em sua face.

Por outro lado, o livro destaca, com rara oportunidade, a importância da educação nessa tarefa, sem cair no messianismo ecopedagógico, pois recupera a historicidade e a politicidade na discussão da questão.

Se a ecopedagogia é a ciência e a arte do futuro, o texto tem a prudência de considerar que qualquer afirmação categórica neste sentido é precoce ou extemporânea. A todo momento reitera que a ecopedagogia "está engatinhando" e que sua consolidação científica virá somente após vivências concretas analisadas criticamente. E aqui o texto nos relembra, de quebra, que o estatuto científico só se legitima como organização da reflexão sobre uma prática concreta (pedagogia da práxis).

Mas é no capítulo 2 que a obra ganha corpo e se inscreve no universo da pedagogia crítico-libertadora – por que não dizer 'o universo freireano'? – no momento em que, retomando Roger Garaudy, demonstra que o subdesenvolvimento não é etapa natural e prévia do desenvolvimento, mas seu filho bastardo, e que só pode ser superado pelo ecodesenvolvimento. Por quê? Porque a perspectiva ecopedagógica ou ecológica, em seu sentido etimológico, é que impõe uma responsabilidade planetária, a todas as sociedades, a todos os homens. O ecodesenvolvimento implica o desenvolvimento de todo o planeta!

O maravilhar-se diante das belezas e da generosidade do planeta – e o autor faz isso em vários momentos – não resvala para o lirismo ingênuo se, junto com os sentimentos de prazer e gratidão, direcionar a observação crítica para a poluição e a degradação ambiental. Que ideia interessante essa da generosidade do planeta! Nele, a possibilidade da vida se tornou concreta por suas condições muito especiais no conjunto dos demais planetas conhecidos. Não podemos, por nossa obra degradante, torná-lo hostil aos homens e às mulheres como são os demais planetas do sistema solar. E que ideia interessante também essa da retomada do significado etimológico da palavra *ecologia* – "ciência da casa" –, que deu origem a *economia,* à qual os clássicos gregos contrapunham a *crematística.* Curiosamente, retornamos ao grego para construir o que a deturpação da "economia" destruiu na Terra: *oikos* + *logos,* "ciência da casa", ampliada nas dimensões do planeta. De fato, se a mundialização do capitalismo depredou a Terra, somente uma solução planetária para recuperá-lo. Oportunamente o texto ratifica: "[...] a ecopedagogia não é uma pedagogia a mais, ao lado de outras pedagogias. Ela só tem sentido como projeto alternativo global".

Como não poderia deixar de ser, com expressão própria ou incorporando reflexões de terceiros, Gadotti esclarece, ou melhor, aprofunda os fundamentos políticos da discussão da questão ambiental ao explicitar o compromisso com os oprimidos, já que eles têm sido os mais prejudicados com as agressões ao meio ambiente. É de uma obviedade a verdade não explicitada anteriormente de que "nada adiantarão estas conquistas [sociais] se não tivermos um planeta saudável para habitar" (p. 121). De fato, embora óbvio, os revolucionários sociais de plantão não podem desconhecer essa conclusão.

Ao ler o capítulo 5 – "Cidadania planetária" –, veio-me à lembrança uma das preocupações centrais de minha tese de doutorado. Trata-se do risco de queda nas armadilhas da ideologia neoliberal, que, com sua hegemonia, ora desmoraliza e desqualifica as concepções e proposições diferentes, ora suga, como verdadeiro buraco negro, as contribuições dos antagonistas, dando-lhes outro sentido e provocando nestes a renúncia às próprias bandeiras, passando a denunciá-las no discurso alheio.

Pedagogia da Terra recupera e atualiza para o campo progressista o perdido e superado conceito de internacionalismo socialista – travestido no discurso hegemônico de globalismo – com a construção do conceito de cidadania planetária. Ao mesmo tempo, sua insistência na transdisciplinaridade resgata outro título perdido no bombardeio fragmentador da cultura de massas, que é a categoria de totalidade. A construção de pontes entre as diversas disciplinas – como já queria Braudel na década de 1970 – só não corre o risco de se transformar em generalismo eclético quando se tem um eixo vertebrado que, no livro, é fornecido pelo paradigma da ecopedagogia.

Minha grande hesitação – ou seria desconfiança? – em relação às conversas que tinha com os ecopedagogos ou ao que lia nos textos produzidos no próprio IPF, minhas reticências, repito, referia-se a considerar os demais seres, especialmente os inanimados, fora do referencial "existirem em função da humanidade". Ou seja, embora compreendendo e aplaudindo a luta dos ecopedagogos, sentia dificuldades em não ter a tentação da desconfiança no sentido de que estavam exagerando na dose e aproximando-se do jainismo – seita indiana do século VI a.C., cujos seguidores usavam esponjas e panos nos pés para não sacrificarem formigas e outros insetos acidentalmente. Contudo, com as reflexões acerca das assertivas de Herman Hesse (p. 133), clareou-me e convenceu-me a tese de Gadotti no sentido de considerar a Terra como um organismo vivo. E mais, confirmou-se-me o princípio dialético da perene transformação, adstrita, inclusive, à natureza das coisas (temporariamente?) brutas.

Finalmente, o texto reconstitui a vocação humana à planetaridade, quando evoca, nos diversos campos da atividade da espécie, as legítimas tentativas ou as aspirações à utopia da unidade planetária. E é neste momento que o texto ganha sua grandeza dentro da razão dialética, ao denunciar, na mesma linha, as pretensões hegemônicas globalizantes e opressoras de todas as épocas.

Enfim, na *Pedagogia da Terra*, finalmente encontrei um conceito que procurava, para substituir e desmascarar o globalismo: trata-se da planetaridade.

Introdução
TERRA À VISTA!

"Terra à vista!". Foram as primeiras palavras dos angustiados viajantes que acompanharam Pedro Álvares Cabral para uma suposta viagem para as Índias em 1500, oito anos depois de Colombo. Era o término de uma **longa jornada** e o começo de uma nova era, a era planetária. Estávamos iniciando uma nova jornada de descobertas por terras desconhecidas.

Passados 500 anos, não estamos em melhores condições do que na época. Conquistamos territórios, acumulamos atrocidades em nossa passagem e descobrimos que sabemos menos do que antes. Nesse início de terceiro milênio, a descoberta mais fascinante talvez seja a de que estamos começando uma nova jornada de descoberta da Terra como planeta, como ser vivo e em evolução. Descobrimos que a "terra ignota" não é mais uma terra distante, mas todo o planeta, unido por uma enorme diversidade cultural e biológica. Temos consciência de que nosso destino é comum e que depende de nossa própria escolha.

"Terra à vista!". Temos de gritar de novo nessa celebração dos "500 anos". Recebemos muitas mensagens de congratulações. Afinal, estamos completando 500 anos. Tempo de aprender, de ser gente. De aprender a viver neste planeta, compartilhá-lo, em vez de dividi-lo para dominá-lo, comunicarmo-nos, em vez de expedir comunicados e ordens, abrirmo-nos para o outro, para outras culturas. Suprema sabedoria de Paulo Freire, que no último ano de sua vida (1997) nos dizia: "Quero ser lembrado como alguém que amou os homens, as mulheres, as plantas, os animais, os rios, a Terra", reconhecendo nosso **destino comum** com o planeta. Todos sofremos as mesmas ameaças, todos somos nutridos pelas mesmas esperanças. Não somos mais cidadãos brasileiros ou europeus. Somos cidadãos da Terra.

"Terra à vista!". Como se estivéssemos vendo a Terra de longe. E estamos vendo-a de longe, no espaço e no tempo. E nos obrigamos, olhando para trás, a vê-la doente e ameaçada e temos a obrigação de vê-la mais à frente habitável, cultivada, saudável, cheia de justiça. Salvá-la significa salvar-nos a nós mesmos. Não precisamos de nenhum salvador para isso, nenhum messias. Precisamos iniciar a luta pela nossa vida com dignidade em todo o planeta. Esta é a revolução ainda não realizada que irá mudar nossas vidas, **transformando o perigo em esperança**. Ela começa pela tomada de consciência e se prolonga na conscientização.

Um dos intérpretes mais fiéis da nossa história latino-americana foi sem dúvida Pablo Neruda. Ao receber o Prêmio Nobel de Literatura, invocou o poeta Rimbaud, como nos lembra Antonio Skármeta em seu livro magistral *O carteiro e o poeta* (p. 100): "A l'aurore, armés d'une ardente patience, nous entrerons aux splendides villes" (Ao amanhecer, armados de uma **ardente paciência**, entraremos nas esplêndidas cidade). "Eu acredito nesta profecia de Rimbaud, o vidente", disse Neruda. "Venho de uma província obscura, de um país isolado dos outros por sua cortante geografia. Fui o mais abandonado dos poetas e minha poesia foi regional, dolorosa e chuvosa. Mas sempre tive confiança no homem. Nunca perdi a esperança. Por isso cheguei aqui com minha poesia e minha bandeira." E concluiu: "Devo dizer a todos os homens de boa vontade, aos trabalhadores, aos poetas, que todo o porvir foi expressado nesta frase de Rimbaud: só com uma ardente paciência conquistaremos a esplêndida cidade que dará luz, justiça e dignidade a todos. Assim, a poesia não terá cantado em vão". E a "poesia não é de quem escreve, mas de quem usa!" (idem, ibid., p. 65), nos lembra o carteiro e trabalhador Mário Jiménez, completando essa pedagógica unidade entre **intelectuais** e **trabalhadores**. Não se trata de uma esperança passiva, uma esperança "pelo alto", de quem cruza os braços, aguardando o salvador. Trata-se de uma esperança ativa, de uma "ardente paciência" que não nos deixa perecer na desesperança e sem a qual não temos futuro.

A nossa *Pedagogia da Terra*, como o canto do poeta, não pertence àqueles e àquelas que a escreveram, mas àqueles e àquelas que dela necessitam em sua luta cotidiana por uma escola melhor, por um mundo melhor. Desejamos que seja uma pedagogia cheia de esperança, onde afloram os **valores humanos fundamentais**: a amizade, o respeito, a honestidade, a admiração, a ternura, a emoção, a solidariedade, a aproximação entre o simples e o complexo, a atenção, a leveza, o carinho, o desejo e o amor.

Quinhentos anos de Brasil. Tempo de reflexão, ocasião para **perguntas**. O que fizemos até agora? Quem somos nós? O que vamos fazer? Quais são as nossas perspectivas, nossos sonhos? É tempo de pensar um novo **projeto de nação**, de povo, de educação.

Olhando para trás podemos ver que **somos pré-colombianos**. Todos nós temos um certo "jeitão" de índio. Nós o recusamos porque nos ensinaram que índio é preguiçoso, selvagem, bugre, pobre. Qual é o pedaço de índio que está dentro de nós? Talvez o nosso nome, o nome de um parente, de um vizinho, talvez o nome da rua em que moramos, da cidade. Esse nosso lado índio não fala muito porque na nossa história os índios sempre foram mudos. Quando ouvimos falar deles é porque alguém está falando por eles.

Antes da descoberta do Brasil, já existiam sistemas nativos de ensino e socialização da cultura que variavam de acordo com os mitos e modo de produção de cada tribo, capazes de transmitir um forte senso de identidade cultural. Eles eram centrados nas técnicas de caça, pesca e coleta de frutos; no aprendizado dos segredos do mundo material e espiritual; na aquisição de habilidades; e na formação de atitudes e comportamentos. Aprendiam fazendo, profundamente ligados à Terra. Os nativos preservavam seus conhecimentos mágico-tradicionais, suas crenças e valores. As fases da vida eram marcadas por rituais de passagem. A educação indígena é fortemente comunitária e não formal, baseada no consenso, na solidariedade e no senso do coletivo.

É claro, somos também portugueses, imigrantes, europeus, asiáticos. Somos sobretudo **africanos**, somos mestiços. A África impregnou muito mais o nosso *éthos* do que os povos e nações indígenas. Ela está em nós, a começar pela nossa pele, parte mais evidente do nosso corpo.

Mas o que fizemos nesses 500 anos com índios e negros?

Os índios (povos indígenas) e os negros (afro-brasileiros) não têm nada a comemorar nesses 500 anos. Os primeiros passaram por um sistemático extermínio: eram cerca de 5 milhões quando os portugueses aqui chegaram, invadindo suas terras, e são hoje cerca de 340 mil. Mais do que um "descobrimento", há 500 anos, tivemos uma "invasão", seguida de uma das colonizações mais selvagens e espoliativas da história. Não houve um encontro de culturas, mas um choque cruel de culturas, em que uma foi massacrada, literalmente.

Os negros, depois de longos anos de escravidão (o Brasil foi o último país do mundo a "proclamar" o fim da escravidão), foram e continuam sendo discriminados. Estranho país este, que precisa de uma princesa para "proclamar" a libertação dos escravos e de um príncipe para "proclamar" a sua independência. É um país que preza muito a pedagogia da proclamação e da exclusão.

Apesar de nosso etnocentrismo cultural europeu transplantado, nós nos constituímos numa identidade híbrida: índios, brancos e negros. Índios e negros foram obrigados a rejeitar suas visões de mundo, suas crenças e valores. Sem a indianidade e a negritude, a brasileiridade foi muito empobrecida. A branquitude não fornece identidade cultural para todos os brasileiros.

Dos colonizadores herdamos essa ideia de que a terra, a floresta é "mato". Devemos desmatar, civilizar e destruir a vida que está nela. Os índios sempre foram considerados incultos e incivilizados porque vivem no mato. Estrada e asfalto são confundidos com civilização. Até para nossos melhores arquitetos, a tentação de cimentar tudo é confundida com arte. Quem quiser ter uma prova disso basta visitar o Memorial da América Latina, em São Paulo, num dia quente.

Descobrimento ou invasão? Depende do lado em que você se encontra. Para os nossos índios, que se encontravam do lado da terra firme, os brancos portugueses eram deuses que traziam a morte em suas espadas. Os que se encontravam no mar e gritaram "Terra à vista!" viam que era uma terra a ser conquistada por uns e evangelizada por outros, o que dava na mesma. Os olhares do dominador e do dominado se cruzavam. A vontade desses novos deuses se traduzia na imposição da fé cristã a ferro e fogo, com seu sistema cultural e seus aparatos econômicos e políticos. Nenhum encontro de culturas. Pura invasão e dominação. Como diz Frei Betto, "o olhar do dominado percebe a diferença. Aqueles homens brancos e louros, com seus majestosos cavalos e sanguinários cães, revestidos de couraças de ferro e armados com canhões de pólvora, eram deuses temidos" (*O Estado de S. Paulo*, Caderno 1, p. 2, 28 jun. 1992).

Os 500 anos representam uma oportunidade para conversar sobre nós mesmos, para debatermos nossa história, nossos recursos naturais, nosso meio ambiente, a relação com a natureza, nosso território, nossa pedagogia do colonizador e nossa pedagogia do oprimido.

Tempos de reflexão, mas também de perdão. Talvez devamos começar a **pedir perdão** a índios e negros antes de celebrar nossos 500 anos. Talvez tenhamos de começar por dar visibilidade ao índio e ao negro que somos nós, ao pobre, ao discriminado, que também somos nós. Sim, porque estranhamente (?) vivemos numa sociedade que não quer ver e ouvir, que não enxerga a pobreza, a discriminação, que só há poucos anos começou a enxergar a violência porque ela penetrou em todas as casas. Certas relações escravocratas continuam presentes. Por exemplo, quando não conseguimos enxergar empregadas domésticas nas casas onde elas nunca são apresentadas às visitas. Passamos por elas como se elas não existissem, como se fossem transparentes. Nosso olhar as atravessa como o olhar atravessa o vidro. A sociedade que construímos nesses "500 anos" produziu muitos seres invisíveis. Temos muito a fazer para dar visibilidade a eles. Mas não podemos esperar mais 500 ou mil anos. Como costumava nos dizer Paulo Freire, "mudar é difícil, mas é possível e urgente". Talvez devamos acentuar esse "urgente" de Paulo Freire.

Sim, somos pobres, somos o povo mais devedor do planeta, temos uma história violenta, mas temos também uma **grande potência** que está na nossa diversidade cultural, na nossa unidade linguística, na nossa identidade mestiça, na nossa grande capacidade de resistência, na nossa alegria, na nossa esperança e, sobretudo, nos sinais de maturidade, dados pelas nossas recentes manifestações citadinas, como as dos sem-terra, dos sem--teto, de tantos "sem-tudo".

Ao lado dessas manifestações positivas, o quadro não estaria completo sem nossas violentas **elites governantes** (com honradas exceções), herdeiras dos senhores de escravos, insensíveis à pobreza, à desigualdade social, privatizadoras permanentes do público e do estatal. Uma classe dirigente que endividou o país, um país que hoje é governado pela dívida externa e interna e que tem a pior distribuição de renda do planeta.

É um país de contrastes violentos. Mas não deveria ser assim, não poderia ser assim, porque herdamos um território cheio de riquezas: a amenidade do clima, a ausência de calamidades naturais, a beleza de nossas praias, o verde de nossas matas. Não temos desertos, como nos Estados Unidos, não temos a metade do nosso território coberto de gelo, como no Canadá. É verdade, tudo isso nós herdamos, não construímos. Mas poderíamos ser diferentes. Podemos ser diferentes. Temos tudo para isso.

É claro que existem contrastes, ou melhor, extremos. Podemos falar de diversos "Brasis". Ao lado do Brasil fantasia e do Brasil do "jeitinho", acrescentam-se o Brasil solidário, o Brasil ético. Se denunciamos esse Brasil sem caráter que vive do jogo do bicho e do narcotráfico, o Brasil cassino, é porque desejamos construir um país ético e solidário, o **Brasil cidadão**.

O brasileiro precisa aproveitar as celebrações dos "500 anos" para crescer um pouquinho na descoberta da sua identidade. Para crescer em maturidade, ele precisa deixar de lado as velhas teorias do "homem cordial" e também as novas do "homem tropical", e ser **cidadão pleno**. O nosso famoso "jeitinho brasileiro" – levar vantagem em tudo –, justificativa para a violência moral, o balcão de favores, a corrupção, a malandragem nacional e o suborno, não é sinal de esperteza, mas de arrogante ignorância. **O remédio para esse país é a cidadania radical.** Se tivermos isso no nosso currículo, teremos muito do que nos orgulhar. Somos um povo novo, temos ainda esperança e um longo caminho a percorrer.

Após esses 500 anos que já temos e os 1.000 que estamos começando, não devemos ser ingênuos. Nem apocalípticos, nem integrados. E não podemos mais pensar o Brasil fora de um contexto maior, não só da América Latina mas também do planeta. Estamos, queiramos ou não, inseridos na globalização. Só depende de nós o modo como nos inserimos nela: de joelhos ou com dignidade. Nosso futuro depende muito desse modo, que é conquistado, não doado. Se depender dos países globalizadores, nós seremos sempre países globalizados.

Pensar mil anos é pensar **utopias**, e temos dificuldade hoje de pensar utopicamente, diante não apenas do seu fracasso, mas de suas terríveis consequências. No século XX, milhões de pessoas foram mortas mesmo em sociedades que se propuseram a construir relações humanas igualitárias. Um certo rosto autoritário do socialismo acabou e devia acabar. Muitos de **nós, que tanto amamos a revolução**, que nos movemos pelas **utopias de libertação** dos anos 1960, estamos perdendo a mística social emancipadora e assistimos, muitas vezes, inertes à ascensão do egoísmo, do instrumentalismo e do neoconservadorismo. Muitos perdemos nossos projetos, não sabemos para onde vamos nem o que pode acontecer amanhã. Perdemos com a ideologia também a nossa capacidade de imaginar. Não ousamos mais reinventar o amanhã.

Ficamos inseguros, temos medo de afirmar novas utopias. Nós, que tínhamos tantas certezas, caímos numa **crise de inteligibilidade**. E como somos muito racionais, nossas certezas precisam de sustentação científica. Perdemos o materialismo histórico que, no passado, garantia-nos "cientificamente" que depois do capitalismo viria inexoravelmente o socialismo. Nós tínhamos cientistas sociais em quem acreditar. Hoje, porém, eles estão em crise, têm dificuldade para captar a complexidade do momento. Nenhum deles previu a queda do Muro de Berlim e do império soviético, sequer um mês antes de acontecer. Todos eles foram pegos de surpresa.

No século passado, que foi o século XX, algumas utopias "fizeram a nossa cabeça". Algumas viraram do avesso. Pregavam a liberdade e na sua concreta realização a destruíram. E foram além: deixaram um rastro de sangue pelo caminho. Isso nos faz pensar, mas não nos tira a capacidade de sonhar. Paulo Freire criticava justamente o neoliberalismo pelo "cinismo de sua ideologia fatalista e sua recusa inflexível ao sonho e à utopia" (FREIRE, 1997, p. 15). Não significa que devemos cair no imobilismo, deixando que o "rumo das coisas" indique o caminho. Não há caminhos pré-traçados. "O caminho se faz ao andar", como diz o poeta Antônio Machado (1973, p. 58).

Mas por onde começar? "O que está no início, o jardim ou o jardineiro?", pergunta Rubem Alves (*Folha de S.Paulo*, p. 3, 27 maio 1998). Ele mesmo responde: "É o segundo. Havendo um jardineiro, cedo ou tarde, um jardim aparecerá. Mas um jardim sem jardineiro, cedo ou tarde, desaparecerá. O que é um jardineiro? Uma pessoa cujo pensamento está cheio de jardins. O que faz um jardim são os pensamentos do jardineiro". Continuamos defendendo o sonho e a utopia, continuamos inspirando-nos em poetas e sonhadores e em mundos novos, os pensamentos "cheios de jardins" de tanta gente. Continuamos prestigiando a luta, o combate por uma causa, o comprometimento com os ideais da emancipação humana. Tanta gente morreu pelo que acreditava. Não pode ter sido em vão. Continuam sendo nossas referências, como Paulo Freire, Florestan Fernandes, Herbert de Souza, o Betinho, Darcy Ribeiro, Perseu Abramo, Maurício Tragtenberg... só para lembrar alguns. Não abrimos mão de nossas convicções. Diante disso não mantemos nenhuma ambiguidade; não estamos perplexos, com dúvidas; não estamos em crise. Assinamos embaixo ao que escreve Paulo Freire (1997, p. 16): "O meu ponto de vista é dos 'condenados da Terra', dos excluídos". Não abrimos mão desse ponto de vista. Nisso não somos ambíguos.

Agradeço à editora Fundação Peirópolis a ousadia de publicar este livro e aventurar-se conosco na exploração dessa terra estranha que é o futuro. Com as ferramentas cognitivas de que dispomos, tem sido difícil prevê-lo. Mas, se não podemos prevê-lo, podemos ousar inventá-lo com novas ferramentas. Paulo Freire tem nos indicado caminhos, acreditando no sonho possível, como o sonho da **escola cidadã** e da **ecopedagogia**. Nós, no instituto que leva o seu nome, com muito orgulho, com muito trabalho, muito envolvimento e, por vezes, avançando em meio à perplexidade, buscamos levar à frente o seu legado e, corajosamente, o estamos reinventando. Este livro tem muito a ver com a caminhada do Instituto Paulo Freire. Aos meus colegas deste instituto, destemidos amantes do desafio, sonhadores de velhas e novas utopias, engajados na dura tarefa de manter viva a esperança, dedico, com alegria, essa *Pedagogia da Terra*.

Moacir Gadotti
São Paulo, 22 de abril de 2000
Dia da Terra e dos 500 anos de Brasil

Capítulo 1
EDUCAÇÃO DO FUTURO

*Os profetas não são homens ou mulheres
desarrumados, desengonçados, barbudos,
cabeludos, sujos, metidos em roupas
andrajosas e pegando cajados.*

*Os profetas são aqueles ou aquelas que
se molham de tal forma nas águas da sua
cultura e da sua história, da cultura e da
história de seu povo, dos dominados do
seu povo, que conhecem o seu aqui e o seu
agora e, por isso, podem prever o amanhã
que eles mais do que adivinham, realizam...*

*Eu diria aos educadores e educadoras,
ai daqueles e daquelas, que pararem com a
sua capacidade de sonhar, de inventar a sua
coragem de denunciar e de anunciar.*

*Ai daqueles e daquelas que, em lugar de
visitar de vez em quando o amanhã, o futuro,
pelo profundo engajamento com o hoje,
com o aqui e com o agora, se atrelem a um
passado, de exploração e de rotina.*

Paulo Freire. In: Brandão, C. R. (Org.).
Educador: vida e morte.

Pela primeira vez na história da humanidade – não por efeito de armas nucleares, mas pelo descontrole da produção industrial (o veneno radioativo plutônio 239 tem um tempo de degradação de 24 mil anos) –, podemos destruir toda a vida do planeta. É a essa possibilidade que podemos chamar de **era do exterminismo**. Passamos do modo de produção para o modo de destruição. "A possibilidade da autodestruição nunca mais desaparecerá da história da humanidade. Daqui para a frente todas as gerações serão confrontadas com a tarefa de resolver este problema" (SCHMIED-KOWARZIK, 1999, p. 6). Só esperamos que as providências sejam tomadas a tempo para não chegarmos tarde demais. Por isso precisamos ecologizar a economia, a pedagogia, a educação, a cultura, a ciência etc. Hoje, a questão ecológica tornou-se eminentemente social ou, como afirma Elmar Altvater (1995, p. 8), "hoje a questão social pode ser elaborada adequadamente apenas como questão ecológica".

O potencial destrutivo gerado pelo desenvolvimento capitalista o colocou numa posição negativa com relação à natureza. "Essa situação não é consequência de desastres naturais ou de mero acaso. É fruto de um modelo de desenvolvimento social e econômico que visa apenas ao lucro imediato de uma minoria. Há 50 anos, na Índia, Mahatma Gandhi dizia que a terra era suficiente para todos, mas não para a voracidade dos consumistas. De fato, 42% das florestas tropicais do planeta já foram destruídas. No centro-oeste brasileiro, já se veem sinais das queimadas que destroem grande parte do verde do cerrado e da região amazônica. No nordeste brasileiro, mesmo em grandes cidades como o Recife, o prolongado racionamento de água assusta e revela os níveis de destruição dos rios, fontes e açudes da região" (Marcelo Barros in IPF, 1999, p. 7). O capitalismo aumentou mais a capacidade de destruição da humanidade do que o seu bem-estar e a sua prosperidade. As realizações concretas do socialismo seguiram na mesma esteira destrutiva, colocando em risco não apenas a vida do ser humano mas de todas as formas de vida existentes sobre a Terra. "Percebemos cada dia com maior clareza que nossa evolução econômico-industrial está entrando em contradição com a natureza como fundamento de nossa vida. Esta contradição abre-se, como uma tesoura, e abarca cada vez mais coisas. A fé na ilimitada capacidade de mudar o mundo acabou. Entramos em uma nova época na história da humanidade, na época da exterminação, na época do começo de nossa autodestruição, bem como da autodestruição da vida na face da Terra. Somente há poucos anos a humanidade adquiriu, para isso, os meios técnicos e científicos, mas trabalha-se diariamente e com enorme velocidade na ampliação deste potencial destrutivo" (SCHMIED-KOWARZIK, 1999, p. 6). E o pior ainda é que "inexistem hoje sinais de que um outro sistema de organização da vida social tenha condições de ameaçar o vigente" (CASTRO, 1998, p. 12).

Isso não significa que devemos nos resignar no imobilismo. Manuel Cabral de Castro (idem, p. 13) sustenta que a crise ecológica "é a única que possui o combustível fóssil em condições de provocar a implosão das atuais sociedades industriais". A causa–consciência ecológica talvez possa representar esse pontapé inicial de um **novo projeto** (paradigma) de sociedade, que indique a direção e forneça a força necessária para a construção de um mundo "menos feio, mais justo e mais humano", como nos dizia Paulo Freire. A sociedade civil mundial, reunida no **Fórum Global** da Eco-92, apresentou um conjunto de propostas e soluções para a crise ecológica e social, aprovando os conhecidos "Tratados das ONGs" e estabelecendo as bases sociais, políticas, econômicas, científicas e culturais desse novo paradigma. Esses tratados ainda não foram suficientemente explorados e foram pouco colocados em prática pelos Estados.

Alertas vêm sendo dados há décadas por cientistas e filósofos desde os anos 1960. Um grupo de cientistas conhecido como **Clube de Roma** (1978), com 80 membros, fundado em 1968 por Aurelio Peccei, produziu um relatório que teve grande repercussão, chamado "Os limites do crescimento econômico", no qual coloca em questão o modelo de desenvolvimento baseado no crescimento como se ele fosse ilimitado. Um outro grupo, o inglês *The Ecologist*, elaborou, em 1971, o seu "Manifesto para a sobrevivência", no qual defende que "um aumento indefinido de demanda não pode ser sustentado por recursos finitos".

O II Fórum da Unesco sobre Ciência e Cultura, realizado em Vancouver (Canadá) em setembro de 1989 para estudar o tema "A sobrevivência no século XX", concluiu que "a sobrevivência do planeta tornou-se uma preocupação imediata. A situação atual exige medidas urgentes em todos os setores – científico, cultural, econômico e político –, e uma maior sensibilidade de toda a humanidade. Devemos abraçar a causa comum com todos os povos da Terra contra o inimigo comum, que é qualquer ação que ameace o equilíbrio de nosso ambiente ou reduza a herança para as gerações futuras".

Os problemas globais aparecem cada vez mais nas manchetes dos jornais. A Conferência Internacional sobre Meio Ambiente e Sociedade: Educação e Conscientização Pública para a Sustentabilidade, organizada pela Unesco e realizada na Tessalônica, Grécia, em dezembro de 1997, destaca entre outros os seguintes fatores do agravamento da situação da vida no planeta (UNESCO, 1999, p. 23): a) o rápido crescimento da população mundial e a mudança em sua distribuição; b) a persistência da pobreza generalizada; c) as crescentes pressões sobre o meio ambiente devido à expansão da indústria em todo o mundo e o uso de modalidades de cultivos novos e mais intensivos; d) a negação contínua da democracia, as violações dos direitos humanos e o aumento de conflitos e de violência étnica e religiosa, assim como a desigualdade entre homens e mulheres; e) o próprio conceito de desenvolvimento, o que significa e como é medido.

Por outro lado, vivemos também na **era da informação** em tempo real, da globalização da economia, da realidade virtual, da Internet, da quebra de fronteiras entre nações, do ensino a distância, dos escritórios virtuais, da robótica e dos sistemas de produção automatizados, do entretenimento. Vivemos o ciberespaço da formação continuada (GADOTTI, 2000, 249-65). As novas tecnologias da informação e da comunicação marcaram todo o século XX.

Marx sustentava que a mudança nos meios de produção transformava o modo e as relações de produção. Isso aconteceu com a invenção da escrita, do alfabeto, da imprensa, da televisão e hoje vem acontecendo com a Internet. Como diz Ubiratan D'Ambrosio (1999, p. 72), "cada uma dessas tecnologias de comunicação trouxe profundas modificações de capacidades cognitivas e reflexos sociais da maior importância. Todas as sociedades tiveram influência desses meios e precisaram se adaptar à nova situação. É importante notar que nenhum dos novos meios eliminou os demais nem os anteriores. Houve, sim, uma combinação de tecnologias".

O desenvolvimento espetacular da informação, quer no que diz respeito às fontes, quer à capacidade de difusão, está gerando uma verdadeira revolução, que afeta não apenas a produção e o trabalho, mas principalmente a educação e a formação. "As sociedades atuais são todas, pouco ou muito, sociedades da informação, nas quais o desenvolvimento das tecnologias pode criar um ambiente cultural e educativo suscetível de diversificar as fontes do conhecimento e do saber. Por outro lado, as tecnologias caracterizam-se pela sua complexidade crescente e pela gama cada vez mais ampla de possibilidades que oferecem. Podem, em especial, combinar uma capacidade elevada de armazenagem de informação com modos de acesso quase individualizados e uma distribuição em grande escala" (DELORS, 1999, p. 187).

O **cenário** está dado: *globalização* provocada pelo avanço da revolução tecnológica, caracterizada pela internacionalização da produção e pela expansão dos fluxos financeiros; *regionalização* caracterizada pela formação de blocos econômicos; *fragmentação* que divide globalizadores e globalizados, centro e periferia, os que morrem de fome e os que morrem pelo consumo excessivo de alimentos, rivalidades regionais, confrontos políticos, étnicos e confessionais, terrorismo.

É nesse contexto, nessa travessia de milênio, que devemos pensar a **educação do futuro**, e podemos começar por nos interrogar sobre as categorias que podem explicá-la. As categorias "contradição", "determinação", "reprodução", "mudança", "trabalho" e "práxis" aparecem frequentemente na literatura pedagógica contemporânea, sinalizando já uma perspectiva da educação, a perspectiva da **pedagogia da práxis**. Essas são categorias consideradas clássicas na explicação do fenômeno da educação. Elas se constituem um importante **referencial** para a nossa prática. Não podem ser negadas pois ainda nos ajudarão, de um lado, para a leitura do mundo da educação atual e, de outro, para a compreensão dos caminhos da educação do futuro.

Não podemos negar a atualidade de certas categorias freireanas e marxistas, como "dialogicidade" e "dialeticidade", a validade de uma pedagogia dialógica ou da práxis. Marx, em *O capital*, privilegiou as categorias hegelianas "determinação", "contradição", "necessidade", "possibilidade". A fenomenologia hegeliana continua inspirando nossa educação e deverá atravessar o milênio. A educação popular e a pedagogia da práxis, lidas de forma crítica, deverão continuar como paradigmas válidos para além do ano 2000. Contudo, necessitamos de novas categorias explicitadoras da realidade, que não surgem idealisticamente, mas no próprio processo de sua leitura.

O termo **sustentável** poderia não ser muito apropriado para o que pretendemos colocar a seguir. Estamos tentando dar a esse conceito um novo significado. De fato, é um termo que, associado ao desenvolvimento, sofreu um grande desgaste e, enquanto para alguns "tornou-se um rótulo a ser aplicado a qualquer coisa" (CASTRO, 1998, p. 9), para outros ele tornou-se a própria expressão do "absurdo lógico": "eficácia ecológica com justiça distributiva e eficiência econômica com base na alta produtividade do trabalho" (ALTVATER, 1995, p. 305). Desenvolvimento e sustentabilidade seriam logicamente incompatíveis. Para nós é mais do que um qualificativo do desenvolvimento. Vai além da preservação dos recursos naturais e da viabilidade de um desenvolvimento sem agressão ao meio ambiente. Ele implica um equilíbrio do ser humano consigo mesmo e, em consequência, com o planeta (e mais ainda com o universo). A sustentabilidade que defendemos refere-se ao próprio **sentido** do que somos, de onde viemos e para onde vamos, como seres do sentido e doadores de sentido de tudo o que nos cerca.

Eis algumas **categorias** que se apresentam mais frequentemente hoje na literatura pedagógica e que se prestam melhor para entender as **perspectivas atuais da educação** e a educação do futuro (GADOTTI, 2000). Elas nos suscitam muitas *interrogações* e podem nos abrir novos caminhos. Entre elas devemos destacar:

1º – Planetaridade. A Terra é um "novo paradigma" (BOFF, 1995). Que implicações tem essa visão de mundo sobre a educação? O que seria uma *ecopedagogia* (GUTIÉRREZ e PRADO, 1999) e uma *ecoformação* (PINEAU, 1992). O tema da *cidadania planetária* pode ser discutido a partir desta categoria. Uma canção de Milton Nascimento diz: "Estrangeiro eu não vou ser. Cidadão do mundo eu sou". Parafraseando Milton Nascimento podemos nos perguntar: "Para que passaporte se fazemos parte de uma única nação?" Lutero, já no século XVI, havia escrito que "o espírito não tem alfândegas". Que consequências podemos tirar para alunos, professores e currículos? Esse é um conceito que será muito desenvolvido neste livro.

2º – Sustentabilidade. O tema da sustentabilidade originou-se na economia (desenvolvimento sustentável) e na ecologia, para inserir-se definitivamente no campo da educação, sintetizada no lema "uma educação sustentável para a sobrevivência do planeta", difundido pelo Movimento pela *Carta da Terra na Perspectiva da Educação e pela Ecopedagogia*. O que seria uma cultura da sustentabilidade? Esse tema deverá dominar muitos debates educativos das próximas décadas. O que estamos estudando nas escolas? Não estaremos construindo uma ciência e uma cultura que servem para a degradação e deterioração do planeta? O conceito de sustentabilidade foi ampliado. Ele permeia todas as instâncias da vida e da sociedade. Para além da sustentabilidade econômica, podemos falar de uma sustentabilidade ambiental, social, política, educacional, curricular etc. O conceito é visto aqui muito mais a partir dos seus pressupostos éticos do que econômicos.

3º – Virtualidade. Essa categoria implica toda a discussão atual sobre a educação a distância e o uso dos *computadores nas escolas*. A informática, associada à telefonia, inseriu-nos definitivamente na *era da informação*. A Internet, esse "equivalente virtual do universo", tornou-se a "verdadeira revolução do século", como disse Umberto Eco (*Folha de S.Paulo*, p. 8, 10 jan. 2000). A rede de computadores pode levar ao fim dos Estados nacionais e à desnacionalização do saber, como sustenta Eco? A informação deixou de ser uma área ou especialidade para tornar-se uma dimensão de tudo, transformando profundamente a maneira como a sociedade se organiza, inclusive no seu modo de produção. Quais as consequências para a educação, para a escola, para a formação do professor e para a aprendizagem? Consequências da obsolescência do conhecimento. Como fica a escola diante da pluralidade dos meios de comunicação? Eles nos abrem os *novos espaços da formação* ou irão substituir a escola?

4º – Globalização. O processo da globalização está mudando a política, a economia, a cultura, a história e, portanto, a educação. É uma categoria que deve ser enfocada sob vários prismas. O global e o local se fundem numa nova realidade: o "glocal". Para pensar a educação do futuro, precisamos refletir sobre o processo de globalização da economia, da cultura e das comunicações.

Na era da globalização aprendemos a lidar com realidades globais e, quando pensamos em mudanças, pensamos também globalmente: "pensar globalmente e agir localmente" foi a primeira bandeira dos ecologistas. Sem abandoná-la, aprendemos rapidamente que também poderíamos "pensar globalmente e agir globalmente". Acostumamo-nos a pensar no "estado do mundo" como uma realidade muito próxima. Foi assim que nasceu em 1992 a utopia da *Carta da Terra*.

Por isso, sonhando, falamos com muita desenvoltura de uma "sociedade global", de uma "comunidade global", de um "destino comum". Continuamos pensando grande. Pensamos numa pedagogia da Terra. Repudiamos uma globalização limitada a um "pensamento único", mas sustentamos uma globalização da solidariedade, um mundialismo sustentado na unidade política de um mundo considerado como uma comunidade humana única, uma ética de governabilidade mundial. Como diz a escritora sul-africana, Prêmio Nobel de Literatura, Nadine Gordimer, "a verdadeira necessidade de globalização é nada menos do que a questão de definir se com ela é possível encurtar a distância entre países pobres e ricos. Que papel a globalização pode desempenhar na erradicação da pobreza? Se a globalização vai ter uma face humana em seu século, a premissa é que o desenvolvimento trate de pessoas interagindo no planeta que ocupamos, até agora, sem compartilhá-lo" (*Folha de S.Paulo*, Caderno Mais, p. 10, 30 jan. 2000).

5º – Transdisciplinaridade. Embora com significados distintos, certas categorias, muito próximas da transdisciplinaridade, como *transcultura-lidade, transversalidade, multiculturalidade,* e outras, como *complexidade* e *holismo*, também indicam uma nova tendência na educação, que será preciso analisar. Como construir interdisciplinarmente o projeto político-pedagógico da escola? Como relacionar multiculturalidade, educação para todos e currículo? Como encarar o desafio de uma educação sem discriminação étnica, cultural, de gênero?

As duas primeiras categorias serão amplamente desenvolvidas neste livro. Da terceira, da **virtualidade**, já tratei em outra obra (GADOTTI, 2000, p. 249-65) e outros autores o vem fazendo com muito mais profundidade (LEVY, 1993, 1995; NEGROPONTE, 1995). Ela tem tudo a ver com uma pedagogia da Terra: "a construção de redes educativas através da Internet é um grito a mais do pulmão da Terra, por isso a necessária harmonia sincronizada para não bloquear a interface facilitadora das experiências humanas. A rede é uma força estabelecida na Terra promovendo coerência global, sempre recursiva, devolvendo um olhar novo e integral relacionado à emoção humana. Esta corrente seria coerente com a geometria de estruturas magnéticas, faz a Terra viva e capaz de suportar a vida. Assim, a finalidade do uso da Internet em educação seria emancipar o saber, a ética e a solidariedade" (Margarita Victoria Gomez, doutoranda da Universidade de São Paulo, in IPF, 1999, p. 17).

Deixei propositadamente a categoria **transdisciplinaridade** por último porque ela carece de explicação por ter-se constituído em controvérsia na qual eu mesmo já fui envolvido (ASSMAN, 1998). Venho tentando entender esse tema da transdisciplinaridade desde que li, em 1974, em Genebra, o estudo da OCDE (Organização de Cooperação e Desenvolvimento Econômicos) sobre os "Problemas do ensino e da pesquisa nas universidades". Neste estudo encontra-se um texto de Jean Piaget (1972) sobre a "Epistemologia das relações interdisciplinares", no qual ele afirma que a interdisciplinaridade seria uma "forma de pensar" para se chegar à "transdisciplinaridade", isto é, uma etapa não apenas de interação entre as disciplinas, mas de "superação das fronteiras entre as ciências", sem opor uma à outra.

O movimento pela transdisciplinaridade ganhou impulso sobretudo a partir de 1986, com a fundação, em Paris, do Ciret, (Centro Internacional de Pesquisas e Estudos Transdisciplinares). O conceito é ainda impreciso e em formação, mas sua ambição é grande: ultrapassar o "sistema fechado" de pensamento, seja motivado por ideologias, religiões ou filosofias, recompondo uma "unidade da cultura", engendrando "uma civilização de escala planetária", "que se fortaleça em grande diálogo intercultural e se abra à singularidade de cada um e à integralidade do ser", conforme a comunicação final do Congresso sobre Ciência e Tradição, organizado pela Unesco em Paris, em 1991.

A transdiciplinaridade para Piaget situava-se no campo da ciência e não no campo da religião ou da política. Hoje, contudo, ao lado da corrente "piagetiana", dialética e científica, da transdisciplinaridade, existe uma corrente forte, eu diria dominante, místico-religiosa ou holística, que respeito, mas da qual me permito discordar, principalmente quando sustenta a tese de uma "educação inter-religiosa" e "transpolítica" (NICOLESCU, 1996). A transdisciplinaridade engloba e transcende as disciplinas, sem anulá-las, mantendo a complexidade do real, em que: a) "nunca há pontos de partida absolutamente certos, nem problemas definitivamente resolvidos"; b) "o pensamento nunca avança em linha reta, pois toda verdade parcial só assume sua verdadeira significação por seu lugar no conjunto, da mesma forma que o conjunto só pode ser conhecido pelo progresso no conhecimento das verdades parciais"; e c) "a marcha do conhecimento aparece como uma perpétua oscilação entre as partes e o todo, que se devem esclarecer mutuamente" (GOLDMANN, 1979, p. 6).

Pela importância que tem para uma **pedagogia da Terra**, vou me estender um pouco mais. Como diz Edgar Morin (1999, p. 13), "a transdiciplinaridade só representa uma solução quando se liga a uma reforma do pensamento. Faz-se necessário substituir um pensamento que está separado por outro que esteja ligado". É preciso contextualizar, globalizar, relacionar, buscar as múltiplas causas das coisas. Não basta reformar o ensino sem "reformar o pensamento". Para Morin (1999, p. 42), "um conhecimento só é pertinente na medida em que se situe num contexto. A palavra polissêmica por natureza adquire seu sentido uma vez inserida no texto. O texto em si mesmo adquire seu sentido em seu contexto. Uma informação só tem sentido numa concepção ou numa teoria. Do mesmo modo, um acontecimento só é inteligível se é possível restituí-lo em suas condições históricas, sociológicas ou outras. Pode-se deduzir disso que é primordial aprender a contextualizar e, melhor que isso, a globalizar, isto é, situar um conhecimento num conjunto organizado".

Mudar a maneira de pensar é fundamental para a busca de uma visão mais global do mundo. A transdisciplinaridade representa uma ruptura com o modo linear de ler o mundo, uma forma de articulação dos saberes. O modo linear de pensar reduz a **complexidade do real**, produzindo receitas, fórmulas feitas e preconcebidas. Como dizia Kant, existem duas maneiras de pensar: uma vulgar e outra popular. O **pensamento popular** é aquele que mantém a complexidade do real e o **pensamento vulgar** é aquele que o reduz à complexidade do real, expressando uma visão ingênua e esquemática do mundo. A transdisciplinaridade, como método científico e como atitude pedagógica, quebrando o isolamento das disciplinas pela circulação de conceitos e de valores, só é válida quando sustentada por um novo olhar sobre as coisas. "Uma tradição de pensamento bem enraizada em nossa cultura que molda os espíritos desde a escola elementar nos ensina a conhecer o mundo pelas ideias claras e distintas. Estimula-nos a reduzir o complexo ao simples, a separar o que está ligado, a unificar o que é múltiplo, a eliminar tudo o que traz desordens ou contradições em nosso entendimento. O problema crucial de nosso tempo é o da necessidade de um pensamento apto a levantar o desafio da complexidade do real, isto é, de perceber as ligações, interações e implicações mútuas, os fenômenos multidimensionais, as realidades que são, ao mesmo tempo, solidárias e conflituosas" (MORIN, 1999, p. 55).

Edgar Morin (1999, p. 43-7) nos fala da transdisciplinaridade encontrando sentido na teoria da complexidade. Seguindo a tradição de Piaget, ele se apoia na ciência. Segundo ele, a partir do século XVI, sobretudo no século XX, criou-se um fosso entre a "cultura das humanidades" e a "cultura científica", sustentado por três **pilares de certeza**: o pilar da ordem, da regularidade, do determinismo, o pilar da separabilidade; e o valor da prova produzida pela indução e pela dedução. Esses pilares de certeza encontram-se hoje abalados por novas descobertas, por exemplo, da física: uma partícula pode comportar-se de modo contraditório, incertamente, ora como onda, ora como matéria, colocando em xeque o princípio da certeza. Algumas ciências tornaram-se sistêmicas, como as ciências da Terra. A ecologia, por exemplo, "utiliza os conhecimentos dos botânicos, dos zoólogos, dos microbiólogos e dos geofísicos. Entretanto, ela não tem necessidade de dominar todas essas ciências. Seu conhecimento consiste no estudo das reorganizações, dos desregramentos e regulamentos dos sistemas [...] O desafio da complexidade reside no duplo desafio da religação e da incerteza. É preciso religar o que era considerado como separado. Ao mesmo tempo, é preciso aprender a fazer com que as certezas interajam com a incerteza" (p. 46-7).

Um dos princípios desse aprender é o **diálogo**. Para Morin (1999, p. 48), "o princípio dialógico é necessário para afrontar realidades profundas que, justamente, unem verdades aparentemente contraditórias. Pascal reiterava que o contrário de uma verdade não é um erro, mais sim uma verdade contrária. De forma sofisticada, Niels Bohr considerava que o contrário de uma verdade profunda não é um erro, mas uma outra verdade profunda". A teoria da complexidade oferece os instrumentos para o educador enxergar a realidade como essencialmente contraditória e em evolução. Por isso, sustenta Morin, a reforma do pensamento, a educação do olhar que enxerga a realidade como um todo e não separadamente, precede o exercício da transdisciplinaridade. "A missão primordial do ensino implica muito mais aprender a religar do que aprender a separar, o que foi feito até o presente. É preciso, ao mesmo tempo, aprender a problematizar" (1999, p. 50). Pode-se considerar que os pensadores dialéticos já diziam isso desde o século XIX. "Tudo está ligado a tudo", dizia Engels em sua *Dialética da natureza*. Isso é verdade. Ele também mostrou que a contradição era inerente a tudo: coisas, fenômenos, pensamento. O que é diferente hoje é que autores como Morin levam às últimas consequências esse princípio, na forma de fazer "ciência", na filosofia, nas artes, na educação e na cultura. São dialéticos, sem transformar a dialética em normas e leis. Eles aplicaram a dialética à própria dialética no que ela tinha, contraditoriamente, de dogmático, pelo menos no livro de Engels, influenciado pelo positivismo florescente da época em que o escreveu.

Esse é o sentido dialético da transdisciplinaridade. Para uma análise mais crítica do leitor, apresento como primeira leitura deste livro, no final deste capítulo, a *Carta da Transdisciplinaridade*, adotada em 1994 por cientistas e pesquisadores de 13 países, reunidos em Portugal, redigida por Lima de Freitas, Edgar Morin e Basarab Nicolescu.

O **paradigma da complexidade** (Morin) surgiu como resposta aos paradigmas clássicos (positivismo e marxismo), unificadores e homogeneizadores do mundo. Interdisciplinaridade, transdisciplinaridade, complexidade, planetaridade, sustentabilidade são categorias fundantes desse novo paradigma e que remetem para outra lógica, para outra racionalidade, questionando tanto o projeto epistemológico quanto o sentido da vida colocado pelos paradigmas clássicos. A teoria ou o pensamento da complexidade não anulam inteiramente os paradigmas clássicos. A dialética, por exemplo, não foi aniquilada pela complexidade. Ao contrário, fortaleceu-se à medida que ela se libertou das amarras do atomismo e dos marxismos esquemáticos. A complexidade não anulou; pelo contrário, fortaleceu a necessidade de incorporar a questão do poder no saber. A ética ganhou mais força ao lado da filosofia da natureza.

Essas categorias, brevemente exploradas, isoladamente podem não representar uma "revolução científica" (KUHN, 1978), mas associadas a outras categorias e conceitos, outros cenários, como a revolução tecnológica atual associada à ciência, elas podem nos indicar o surgimento de um novo paradigma. As novas tecnologias e a ecologia não representaram, no século XX, apenas uma mudança de visão do planeta, mas do "futuro comum" da humanidade.

Essas categorias são importantes para se compreender as perspectivas atuais da educação, mas não são suficientes para se entender a ecopedagogia como teoria da educação que promove a aprendizagem do sentido das coisas a partir da "vida cotidiana" (GUTIÉRREZ e PRADO, 1999). Neste caso, devemos desenvolver outras categorias ligadas à esfera da **subjetividade**, da **cotidianidade** e do **mundo vivido**, categorias que estruturam a vida cotidiana, levando em consideração as práticas individuais e coletivas e as experiências pessoais.

Essas categorias já vêm sendo apresentadas por vários filósofos, cientistas sociais e educadores, alguns deles falando de **holismo** ou de *paradigmas holonômicos* da educação. Os holistas sustentam que a utopia, o imaginário, são instituintes da nova sociedade e da nova educação. Recusam uma ordem fundada na racionalidade instrumental, que menospreza o desejo, a paixão, o olhar, a escuta. Segundo eles, os *paradigmas clássicos* banalizam essas dimensões da vida, sobrevalorizando o macroestrutural, o sistema, as superestruturas socioeconômico-políticas e epistêmicas, linguísticas ou psíquicas.

Valeria a pena retomar aqui o debate de algumas categorias, tais como: *imaginário* (Gilbert Durand e Cornelius Castoriadis), *curiosidade* (Paulo Freire), *tolerância* (Karl Jaspers), *acolhida* (Paul Ricoeur), *diálogo* (Martin Buber), *autogestão* (Celestin Freinet e Michel Lobrot), *cotidianidade* (Heller e Lefebvre), *desordem* (Edgar Morin), *paixão* (Marilena Chauí), *ação comunicativa*, *mundo vivido* (Jürgen Habermas), *radicalidade* (Agnes Heller), *empatia* (Carl Rogers), *esperança* (Ernest Bloch), *alegria* (Georges Snyders), *cuidado* (Boff), gênero (Moema Viezzer). Essas categorias representam uma espécie de "sinal dos tempos", isto é, apontam para uma certa direção, um caminho a seguir para uma pedagogia da unidade, no conturbado cenário atual de confronto de tendências educacionais.

O que essas categorias podem representar para a educação do futuro, para uma educação sustentável?

A educação clássica, nascida na Grécia, partia das preocupações dos filósofos, dos homens "livres", desconsiderando as necessidades básicas de aprendizagem dos escravos, das mulheres, dos idosos, das minorias, dos migrantes etc. Eles definiam o que era e o que não era importante estudar, o que era científico e o que não era. O currículo clássico, por isso, desconsiderava temas relacionados, por exemplo, ao trabalho (preocupação de mulheres e de escravos, no modo de produção escravista) ou às crianças. Os conteúdos das disciplinas do saber escolar atual refletem ainda o currículo clássico. A vida cotidiana, a violência, a sensibilidade, a subjetividade não são levadas em conta. Há muito de arbitrário e cultural na escolha de conteúdos programáticos. Nos últimos anos, as novas propostas curriculares começam a dar cada vez mais importância aos chamados "temas transversais" – ética, saúde, meio ambiente, diversidade cultural, gênero, consumo etc. –, realçando os vínculos entre educação e vida. A educação deve ser tão ampla quanto a vida.

Nesse sentido, levantamos as seguintes questões: Que conteúdos escolares são realmente sustentáveis, isto é, significativos para nossas vidas? Qual o sentido de estudarmos isso ou aquilo? O que tem a ver nossa educação com nosso projeto de vida? A escola não deveria preocupar-se fundamentalmente em formar pessoas para a paz e a felicidade em vez de se preocupar apenas em formá-las para a competitividade? Uma educação sustentável é o oposto da educação para a competitividade.

Os problemas atuais, inclusive os problemas ecológicos, são provocados pela nossa maneira de viver, e a nossa maneira de viver é inculcada pela escola, pelo que ela seleciona ou não, pelos valores que transmite, pelos currículos, pelos livros didáticos (também pelos livros de filosofia). Reorientar a educação a partir do **princípio da sustentabilidade** significa retomar nossa educação em sua totalidade, implicando uma revisão de currículos e programas, sistemas educacionais, do papel da escola e dos professores, da organização do trabalho escolar, como veremos adiante.

Tomemos uma das categorias citadas, *gênero*, por exemplo. O que tem a ver gênero com meio ambiente? É evidente que a relação entre gênero e meio ambiente não se dá porque as mulheres são mais sensíveis, são mais cuidadosas com o meio ambiente. Nem gênero tem a ver apenas com a mulher. Um diálogo bonito entre homens e mulheres pode estabelecer-se no reconhecimento das diferenças de cada um e pode oferecer a possibilidade de galgar graus cada vez mais elevados de cultura e de civilização. E não será esse grau mais elevado de civilização que tornará possível uma convivência mais saudável com o meio ambiente? À medida que nos entendermos melhor, melhor entenderemos a natureza. "A análise de gênero contribui para explicitar não só as desigualdades sociais, políticas e econômicas entre homens e mulheres, mas possibilita novas perspectivas de compreensão da hierarquia existente entre os mundos da produção e reprodução, e entre cultura e natureza, no atual modelo de desenvolvimento. Tal abordagem traz elementos fundamentais para o debate sobre sociedades democráticas e sustentáveis e, especificamente, para a construção de uma educação ambiental centrada no marco dos direitos humanos" (Denise Carreira in CASCINO et al., 1998, p. 89).

Mas não foi sempre assim. Como lembra Ivone Gebara (1997, p. 11), "a aproximação das mulheres à natureza estava ligada às funções fisiológicas de reprodução, amamentação e cuidado com as crianças e idosos, o que as excluía de uma participação mais ativa na cultura e na política". Hoje o **ecofeminismo**, como movimento social e pensamento político, trabalha "a conexão ideológica entre a exploração da natureza e das mulheres no interior do sistema hierárquico-patriarcal" (idem, p. 11), inaugurando um novo tipo de relações sociais nas quais a mulher se recusa a ser apenas complementar na construção da história, assumindo uma participação mais ativa na cultura e na política.

Para Francisco Gutiérrez e Cruz Prado (1999, p. 85), já estamos entrando no "paradigma solidário", no qual há um equilíbrio dinâmico nas relações entre homem e mulher. "Na sociedade patriarcal (androcrática) predominaram e ainda predominam os valores masculinos de dominação, violência e prepotência, geradores de dependência, agressão e confronto mediante tecnologias de destruição, sofrimento, dor e morte [...] Vivemos numa sociedade governada por poderosos (poder político e econômico), por 'heróis', guerreiros e por deuses os quais, até o próprio Jeová, ordenam destruir, saquear e matar e onde se proclama de forma explícita que é vontade divina que a mulher seja governada e esteja submetida ao homem".

A questão de gênero impôs-se nas duas últimas décadas como nova emergência educativa. Os movimentos feministas puseram a questão de gênero no centro dos debates pedagógicos, colocando em dúvida o modelo educacional dominantemente "sexista", seja reivindicando igualdade de oportunidades, seja afirmando a especificidade do feminino: "através da lógica da paridade ou da diferença, um novo tema e um novo sujeito foram impostos à pedagogia contemporânea, revolucionando seu território (os limites, as ordens internas, os fins e os modelos) e obrigando-a a repensar-se de modo radical tanto no seu aparato teórico quanto na sua tradição histórica, como também nas suas práxis educativas e escolares" (CAMBI, 1999, p. 639).

O modelo dominante de desenvolvimento capitalista globalizado, que reduz o desenvolvimento humano ao crescimento econômico, é concentrador de poder e de recursos, fomenta desigualdades de toda ordem, destrói o meio ambiente e afeta sobretudo a mulher: "poder-se-ia afirmar que nesta etapa de internacionalização da economia, de globalização, os Estados têm transferido o custo do ajuste às mulheres. A iniquidade que tem provocado o desenvolvimento afeta ou tem um caráter fundamental na iniquidade de gênero. Este eixo da iniquidade de gênero é um dos focos fundamentais que contribuiu para a iniquidade social" (María Angélica Fauné in ERAZO et al., 1997, p. 87). Inserir a perspectiva relacional de gênero e localizá-la no interior de um debate mais amplo dos direitos humanos e da cidadania contribui para o entendimento do almejado desenvolvimento sustentável. Relações solidárias entre os sexos devem ser consideradas vitais na construção da sustentabilidade. Muitas ONGs ambientalistas e do movimento de mulheres trabalham hoje com esta ótica (CASTRO, 1997).

Todos concordam hoje que a sociedade do conhecimento deverá valorizar muito a informação e os profissionais e instituições a ela associados, incluindo a escola e o professor. Só que, certamente, não será valorizada a escola e o professor da era da indústria. Na era da informação seu papel passará por profundas mudanças. Não se pode mais preparar alunos e professores em série. "Já houve um tempo *sem* escolas, e não sabemos se este tempo regressará. Uma coisa é certa: tempos virão em que a sociedade necessitará de *outras* escolas" (NÓVOA, 1992, p. 41).

As categorias que apresentamos na primeira parte deste capítulo mostram novas perspectivas na educação. Isso não significa que não existam **tendências** opostas e até antagônicas na sociedade: de um lado, existe uma forte tendência, fundada numa perspectiva neoliberal e neoconservadora, que reduz a escola e a sua qualidade à competitividade e, de outro, uma tendência concreta, surgindo na base da sociedade e que chamamos de "educação cidadã", fundada numa visão democrática e participativa da educação. A primeira apoia-se na lógica da competitividade, que comanda a mercoescola; a segunda, na lógica da solidariedade (ROMÃO, 1997). Como veremos, **escola cidadã** e **ecopedagogia** nasceram juntas na última década do milênio e mantêm estreita relação.

Hoje as escolas em geral baseiam-se na competição sem solidariedade. O sistema de notas e prêmios é uma clara evidência de uma concepção de educação baseada na lógica da competitividade. Mesmo as escolas que metodologicamente instituíram a "democracia na escola" necessariamente não formam seus alunos para a solidariedade. A democracia na escola é insuficiente.

"O futuro é possibilidade", insistia nosso mestre Paulo Freire. Ele não pode ser previsto, mas pode ser inventado. A **escola cidadã** e a **ecopedagogia** são um projeto histórico nascido da rica tradição latino-americana da **educação popular** e apontam para um novo professor, um novo aluno, uma nova escola, um novo sistema e um novo currículo.

Assim, pensamos num **novo professor**, mediador do conhecimento, sensível e crítico, aprendiz permanente e organizador do trabalho na escola, um orientador, um cooperador, curioso e, sobretudo, um construtor de sentido. "Ensinar não é transferir conhecimento, mas criar as possibilidades para a sua produção ou a sua construção [...] É preciso que, pelo contrário, desde o começo do processo, vá ficando cada vez mais claro que, embora diferentes entre si, quem forma se forma e re-forma ao formar e quem é formado forma-se e forma ao ser formado [...] Não há docência sem discência, as duas se explicam e seus sujeitos, apesar das diferenças que os conotam, não se reduzem à condição de objeto um do outro. Quem ensina aprende ao ensinar e quem aprende ensina ao aprender" (FREIRE, 1997, p. 25). O aluno chega à escola transportando consigo cada vez mais um mundo e uma carga de informações que ultrapassam o estreito âmbito da família, transmitidos sobretudo pelos meios de comunicação. As crianças hoje dedicam menos tempo à escola e ao estudo do que à televisão e, ultimamente e em menor quantidade, ao computador. Por isso, "o professor deve estabelecer uma nova relação com quem está aprendendo, passar do papel de 'solista' ao de 'acompanhante', tornando-se não mais alguém que transmite conhecimentos, mas aquele que ajuda os seus alunos a encontrar, organizar e gerir o saber" (DELORS, 1999, p. 155).

Na era do conhecimento, a **pedagogia** tornou-se a ciência mais importante porque ela objetiva justamente promover a aprendizagem. A era do conhecimento é também a era da sociedade "aprendente": todos tornaram-se aprendizes. A pedagogia não está mais centrada na didática, em como ensinar, mas na ética e na filosofia, que se pergunta como devemos ser para aprender e o que precisamos saber para aprender e ensinar. E muda a relação ensino-aprendizagem. Humberto Maturana (1989), em sua *Oração do estudante*, diz: "Por que me impões o que sabes se eu quero aprender o desconhecido e ser fonte em minha própria descoberta?" O professor não é mais o que sabe e o aluno, o que aprende. Ambos, em sessões de trabalho, aprendem e ensinam com o que juntos descobrem.

Na era do conhecimento deverá surgir também um **novo aluno**, sujeito da sua própria formação, autônomo, motivado para aprender, disciplinado, organizado, mas cidadão do mundo, solidário e, sobretudo, curioso: "A curiosidade como inquietação indagadora, como inclinação ao desvelamento de algo, como pergunta verbalizada ou não, como procura de esclarecimento, como sinal de atenção que sugere alerta faz parte integrante do fenômeno vital. Não haveria criatividade sem a curiosidade que nos move e que nos põe pacientemente impacientes diante do mundo que não fizemos, acrescentando a ele algo que fizemos" (FREIRE, 1997, p. 35).

O que valerá no futuro currículo do estudante? Valerá um histórico escolar coerente, sem sobressaltos, sem anos interrompidos, sem uma sequência de notas altas e baixas... valerá certa regularidade em seu currículo. Valerá mais a entrevista do que as notas e o currículo, valerá mais o seu engajamento em atividades coletivas ou na prestação de serviços voluntários, valerão os estágios feitos, o capital de relações sociais. O que fará a diferença é a vivência do estudante, sua capacidade de adaptar-se a novas situações, seu espírito crítico, sua facilidade de comunicar-se, capacidade de lidar com pessoas e de trabalhar em equipe. Não a acumulação de conhecimentos. Ser aluno brilhante, sobretudo numa escola "lecionadora", não garante nada. A avaliação de um aluno deve ser global, levando em conta um conjunto de critérios, não por disciplina, mas por um programa que leve em conta sua capacidade de continuar aprendendo. "Aprender é muito mais que compreender e conceitualizar: é querer, compartilhar, dar sentido, interpretar, expressar e viver. Os sistemas educativos tradicionais privilegiaram a dimensão racional como a forma mais importante de conhecimento. A nova educação deve apoiar-se também em outras formas de percepção e conhecimento, não menos válidas e produtivas" (GUTIÉRREZ e PRADO, 1999, p. 68), como a intuição e a imaginação. Para Gutiérrez não se trata de opor intuição a razão. As duas são complementares. Trata-se de integrá-las. Caso contrário, estaremos "mutilando" o desenvolvimento do ser humano.

"Se privilegiamos a intuição e a emoção é porque precisamos equilibrá-las com o uso desmedido da racionalidade instrumental" (idem, ibid.).

Podemos ainda falar numa **nova escola**, a escola cidadã, gestora do conhecimento, não lecionadora, com um projeto ecopedagógico, isto é, ético-político, uma escola inovadora, construtora de sentido e plugada no mundo. Como a ecopedagogia não é uma pedagogia escolar, ela valoriza todos os espaços da forma, atribuindo à escola o papel de articuladora desses espaços. Como diz Paulo Freire (1997, p. 49), "se estivesse claro para nós que foi aprendendo que percebemos ser possível ensinar, teríamos entendido com facilidade a importância das experiências informais nas ruas, nas praças, no trabalho, nas salas de aula das escolas, nos pátios dos recreios, em que variados gestos de alunos, de pessoal administrativo, de pessoal docente se cruzam cheios de significação". A Comissão Internacional sobre Educação para o Século XXI da Unesco conclui que a capacidade de inovar é essencial na educação do futuro e esta depende também da autonomia dos estabelecimentos de ensino, tanto na gestão dos recursos quanto na gestão da própria escola e da construção do seu projeto pedagógico: "A autonomia das escolas estimula fortemente a inovação. Nos sistemas excessivamente centralizados a inovação tende a limitar-se a experiências piloto, destinadas a servir de base, em caso de sucesso, a medidas de caráter geral. Não serão, necessariamente, aplicadas de maneira pertinente em todas as situações: de fato é sabido que o sucesso das inovações depende, essencialmente, das condições locais. Por isso, o importante parece ser generalizar a capacidade de inovar mais do que as inovações em si mesmas" (DELORS, 1999, p. 173). A Comissão foi favorável a uma ampla descentralização dos sistemas educativos, apoiada na autonomia das escolas e na participação efetiva dos seus agentes locais.

O surgimento desta escola, desse aluno e desse professor depende muito do surgimento de um **novo sistema de ensino**, único – na medida em que deve democratizar o conhecimento – e descentralizado – na medida em que deve permitir uma pluralidade de organizações e instituições. "Não se trata de mais uma reforma, mas de uma verdadeira transformação estrutural no modo de pensar, planejar, implementar e gerir a educação básica. A centralidade focal da escola significa fazer dela a unidade administrativa, financeira e pedagógica por excelência e, por via de consequência, induzi-la à autonomia plena, ainda que financiada pelos recursos estatais. As implicações daí decorrentes representam uma verdadeira revolução no modelo de gestão, obrigando uma redefinição profunda na matriz estrutural da Secretaria de Educação e nos demais órgãos que compõem o sistema" (GADOTTI, 2000, p. 177). Como diz Bianco Zalmora Garcia, professor de filosofia da Universidade Estadual de Londrina (PR), "o conceito de ecopedagogia implica, dentre outras ações, a reestruturação do gerenciamento político--administrativo, financeiro e pedagógico dos sistemas atuais de ensino, tendo como exigência a descentralização democrática e a instauração de novas relações pautadas em uma racionalidade constituinte da ação comunicativa" (IPF, 1999, p. 16).

Esses princípios abrem o espaço de um **novo currículo,** em cuja base está a ideia de sustentabilidade. O currículo "é lugar, espaço, território. O currículo é relação de poder. O currículo é trajetória, viagem, percurso. O currículo é autobiografia, nossa vida, *curriculum vitae*: no currículo se forja nossa identidade. O currículo é texto, discurso, documento. O currículo é documento de identidade" (SILVA, 1999, p. 150). Os objetivos, conteúdos, métodos etc. são realmente sustentáveis? Essa é a pergunta básica que coloca o currículo na perspectiva da ecopedagogia. O que aprendemos tem a ver com o nosso projeto de vida? "Apenas aqueles que sentem a alegria de viver e têm o prazer da existência podem fazer da vida um espaço de aprendizagem. A partir da cultura da morte não é possível promover nem defender a vida" (GUTIÉRREZ e PRADO, 1999, p. 97). A vida é aprendizagem e a aprendizagem é vida.

A escola cidadã e a ecopedagogia, tal como o Instituto Paulo Freire, vêm desenvolvendo, sustentam-se no princípio de que todos, desde criança, têm um direito fundamental que é o de sonhar, de fazer projetos, de inventar, como pensavam Marx e Freire, e têm o direito de decidir sobre o seu destino, como afirmava Korczak (1983). E não se trata de reduzir a escola e a pedagogia atuais a uma *tábula rasa* e construir por cima de suas cinzas a escola cidadã ideal e a ecopedagogia. Não se trata de uma escola e de uma pedagogia "alternativas", isto é, construídas separadamente da escola e da pedagogia atuais. Trata-se de, no interior delas, a partir da escola e da pedagogia que temos, dialeticamente, construir outras possibilidades, sem aniquilar as presentes. O futuro não é o aniquilamento do passado, mas a sua superação.

Leitura

CARTA DA TRANSDISCIPLINARIDADE

(Adotada no I Congresso Mundial da Transdisciplinaridade, Convento de Arrábida, Portugal, 2 a 6 de novembro de 1994.)

Considerando que a proliferação atual das disciplinas acadêmicas conduz a um crescimento exponencial do saber que torna impossível qualquer olhar global do ser humano;

Considerando que somente uma inteligência que se dá conta da dimensão planetária dos conflitos atuais poderá fazer frente à complexidade de nosso mundo e ao desafio contemporâneo de autodestruição material e espiritual de nossa espécie;

Considerando que a vida está fortemente ameaçada por uma tecnociência triunfante que obedece apenas à lógica assustadora da eficácia pela eficácia;

Considerando que a ruptura contemporânea entre um saber cada vez mais acumulativo e um ser interior cada vez mais empobrecido leva à ascensão de um novo obscurantismo, cujas consequências sobre o plano individual e social são incalculáveis;

Considerando que o crescimento do saber, sem precedentes na história, aumenta a desigualdade entre seus detentores e os que são desprovidos dele, engendrando assim desigualdades crescentes no seio dos povos e entre as nações do planeta;

Considerando simultaneamente que todos os desafios enunciados possuem sua contrapartida de esperança e que o crescimento extraordinário do saber pode conduzir a uma mutação comparável à evolução dos humanoides à espécie humana;

Considerando o que precede, os participantes do I Congresso Mundial de Transdisciplinaridade (Convento de Arrábida, Portugal, 2 a 7 de novembro de 1994) adotaram o presente Protocolo entendido como um conjunto de princípios fundamentais da comunidade de espíritos transdisciplinares, constituindo um contrato moral que todo signatário deste Protocolo faz consigo mesmo, sem qualquer pressão jurídica e institucional.

Artigo 1 – Qualquer tentativa de reduzir o ser humano a uma mera definição e de dissolvê-lo nas estruturas formais, sejam elas quais forem, é incompatível com a visão transdisciplinar.

Artigo 2 – O reconhecimento da existência de diferentes níveis de realidade, regidos por lógicas diferentes é inerente à atitude transdisciplinar. Qualquer tentativa de reduzir a realidade a um único nível regido por uma única lógica não se situa no campo da transdisciplinaridade.

Artigo 3 – A transdisciplinaridade é complementar à aproximação disciplinar: faz emergir da confrontação das disciplinas dados novos que as articulam entre si; oferece-nos uma nova visão da natureza e da realidade. A transdisciplinaridade não procura o domínio sobre as várias outras disciplinas, mas a abertura de todas elas àquilo que as atravessa e as ultrapassa.

Artigo 4 – O ponto de sustentação da transdisciplinaridade reside na unificação semântica e operativa das acepções através e além das disciplinas. Ela pressupõe uma racionalidade aberta por um novo olhar, sobre a relatividade da definição e das noções de "definição"e "objetividade". O formalismo excessivo, a rigidez das definições e o absolutismo da objetividade comportando a exclusão do sujeito levam ao empobrecimento.

Artigo 5 – A visão transdisciplinar está resolutamente aberta na medida em que ela ultrapassa o domínio das ciências exatas por seu diálogo e sua reconciliação não somente com as ciências humanas mas também com a arte, a literatura, a poesia e a experiência espiritual.

Artigo 6 – Com relação à interdisciplinaridade e à multidisciplinaridade, a transdisciplinaridade é multidimensional. Levando em conta as concepções do tempo e da história, a transdisciplinaridade não exclui a existência de um horizonte trans-histórico.

Artigo 7 – A transdisciplinaridade não constitui uma nova religião, uma nova filosofia, uma nova metafísica ou uma ciência das ciências.

Artigo 8 – A dignidade do ser humano é também de ordem cósmica e planetária. O surgimento do ser humano sobre a Terra é uma das etapas da história do Universo. O reconhecimento da Terra como pátria é um dos imperativos da transdisciplinaridade. Todo ser humano tem direito a uma nacionalidade, mas, a título de habitante da Terra, é ao mesmo tempo um ser transnacional. O reconhecimento pelo direito internacional de um pertencer duplo – a uma nação e à Terra – constitui uma das metas da pesquisa transdisciplinar.

Artigo 9 – A transdisciplinaridade conduz a uma atitude aberta com respeito aos mitos, às religiões e àqueles que os respeitam em um espírito transdisciplinar.

Artigo 10 – Não existe um lugar cultural privilegiado de onde se possam julgar as outras culturas. O movimento transdisciplinar é em si transcultural.

Artigo 11 – Uma educação autêntica não pode privilegiar a abstração no conhecimento. Deve ensinar a contextualizar, concretizar e globalizar. A educação transdisciplinar reavalia o papel da intuição, da imaginação, da sensibilidade e do corpo na transmissão dos conhecimentos.

Artigo 12 – A elaboração de uma economia transdisciplinar é fundada sobre o postulado de que a economia deve estar a serviço do ser humano e não o inverso.

Artigo 13 – A ética transdisciplinar recusa toda atitude que recusa o diálogo e a discussão, seja qual for sua origem – de ordem ideológica, científica, religiosa, econômica, política ou filosófica. O saber compartilhado deverá conduzir a uma compreensão compartilhada baseada no respeito absoluto das diferenças entre os seres, unidos pela vida comum sobre uma única e mesma Terra.

Artigo 14 – Rigor, abertura e tolerância são características fundamentais da atitude e da visão transdisciplinar. O rigor na argumentação, que leva em conta todos os dados, é a barreira às possíveis distorções. A abertura comporta a aceitação do desconhecido, do inesperado e do imprevisível. A tolerância é o reconhecimento do direito às ideias e verdades contrárias às nossas.

Artigo final – A presente Carta Transdisciplinar foi adotada pelos participantes do I Congresso Mundial de Transdisciplinaridade, que visam apenas à autoridade de seu trabalho e de sua atividade. Segundo os processos a serem definidos de acordo com os espíritos transdisciplinares de todos os países, o Protocolo permanecerá aberto à assinatura de todo ser humano interessado em medidas progressistas de ordem nacional, internacional para aplicação de seus artigos na vida.

Comitê de Redação: Lima de Freitas, Edgar Morin e Basarab Nicolescu

Questões para reflexão e aprofundamento dos temas

1 – O que Milton Nascimento nos indica quando diz em sua música "Estrangeiro eu não vou ser. Cidadão do mundo eu sou"? O que podemos apreender ao observarmos conjuntamente uma fotografia do planeta Terra e um mapa-múndi com suas divisões geopolíticas? Liste algumas dificuldades que se apresentam ao imaginarmos um mundo sem fronteiras.

2 – Aceitando o desenvolvimento sustentável como uma ideia-força, ou seja, uma ideia mobilizadora da sociedade, como construir a sustentabilidade entendendo-a como uma proposta planetária, política, econômica, pedagógica, comunitária, ecológica e pessoal?

3 – Quais as vantagens e desvantagens que a virtualidade (os computadores e a Internet) traz para o mundo atual? Como a virtualidade poderia nos ajudar a descobrir e compreender o nosso mundo?

4 – Quais seriam os sinais da globalização que você sente em sua vida cotidiana? Em quais deles você se reconhece como parte?

5 – Quais seriam as matérias, habilidades e conhecimentos que precisamos estudar para interpretar de modo integral as nossas comunidades, o nosso país e o planeta? Elas são encontradas na escola onde estudamos?

6 – O que estas palavras significam para você: imaginário, curiosidade, tolerância, diálogo, desordem, paixão, cuidado, cotidiano, autogestão, ação comunicativa, radicalidade, empatia, gênero, alegria e esperança?

7 – Você entende que a atual relação entre homem e mulher é compatível com uma ideia de igualdade entre diferentes? Onde estão as características comuns aos dois sexos que os aproximam como espécie?

8 – Como você identifica um cidadão e uma cidadã? Quais as manifestações mais aparentes de uma consciência de cidadania?

9 – Uma escola deve estimular a competição entre seus alunos? E competir com outras escolas? A competição estimula ou impede a participação? Como o sentimento de solidariedade pode se manifestar na sala de aula? E nas relações da escola com a comunidade e o planeta?

10 – A vida no planeta corre perigo. Liste e discuta as causas.

Capítulo 2
SOCIEDADE SUSTENTÁVEL

A verdade é que, depois de séculos de modernidade, o vazio do futuro não pode ser preenchido nem pelo passado nem pelo presente.

O vazio do futuro é tão-só um futuro vazio.

Penso, pois, que, perante isso, só há uma saída: reinventar o futuro, abrir um novo horizonte de possibilidades, cartografado por alternativas radicais às que deixaram de o ser.

Boaventura de Sousa Santos, Pela mão de Alice, *p. 322.*

Para entender o que é ecopedagogia, precisamos começar por explicitar o conceito de pedagogia e o que é sustentabilidade. Nos livros de Francisco Gutiérrez e Daniel Prieto sobre a "mediação pedagógica" (1994a e 1994b), os autores definem pedagogia como o trabalho de promoção da aprendizagem por meio de recursos necessários ao processo educativo no cotidiano das pessoas. Para eles, a vida cotidiana é o lugar do sentido da pedagogia, pois a condição humana passa inexoravelmente por ela. A mídia eletrônica, nos interligando ao mundo todo, não anula esse lugar, pois "a revolução eletrônica cria um espaço acústico capaz de globalizar os acontecimentos cotidianos" (GUTIÉRREZ, 1996, p. 12) transformando o local global e o global local. É o que chamamos, nas organizações não governamentais (ONGs), de *glocal* e ultimamente *glonacal*, inserindo no meio o *nacional*. O cotidiano e a história fundem-se num todo. A *cidadania ambiental* local torna-se também *cidadania planetária*.

Mas "não podemos falar em cidadania planetária excluindo a dimensão social do desenvolvimento sustentável" (GUTIÉRREZ, 1996, p. 13). Essa advertência de Francisco Gutiérrez é esclarecedora, pois é preciso distinguir um **ecologismo elitista** e idealista de um **ecologismo crítico** que coloca o ser humano no centro do bem-estar do planeta. Só que "o bem-estar não pode ser só social, tem de ser também sociocósmico", como afirma Leonardo Boff (1996b, p.3). O planeta é a minha casa e a Terra, o meu endereço. Como posso viver bem numa casa mal-arrumada, malcheirosa, poluída e doente?

O conceito de desenvolvimento sustentável foi utilizado pela primeira vez na Assembleia Geral das Nações Unidas em 1979, indicando que o desenvolvimento poderia ser um processo integral que inclui dimensões culturais, éticas, políticas, sociais, ambientais, e não só econômicas. Esse conceito foi disseminado mundialmente pelos relatórios do Worldwatch Institute na década de 1980 e particularmente pelo relatório "Nosso Futuro Comum", produzido pela Comissão das Nações Unidas para o Meio Ambiente e Desenvolvimento, em 1987.

Muitas foram as críticas feitas a esse conceito posteriormente, geralmente pelo seu uso reducionista e sua trivialização, apesar de aparecer como "politicamente correto" e "moralmente nobre". Há outras expressões que têm uma base conceptual comum e se complementam, tais como: "desenvolvimento humano" (PNUD, 1993), "desenvolvimento humano sustentável" (CORRAGIO, 1996, p. 10) e "transformação produtiva com equidade" (CEPAL/PNUD, 1990). A expressão "desenvolvimento humano" tem a vantagem de situar o ser humano no centro do desenvolvimento. O conceito de desenvolvimento humano, cujos eixos centrais são "equidade" e "participação", está ainda em evolução, e se opõe à concepção neoliberal de desenvolvimento. Concebe a sociedade desenvolvida como uma sociedade equitativa, possível somente pela participação das pessoas.

Como o conceito de desenvolvimento sustentável, o conceito de desenvolvimento humano é muito amplo e, por vezes, ainda vago. As Nações Unidas, nos últimos anos, passaram a usar a expressão "desenvolvimento humano" como indicador de qualidade de vida fundado nos índices de saúde, longevidade, maturidade psicológica, educação, ambiente limpo, espírito comunitário e lazer criativo, que são também os traços de uma "sociedade sustentável", isto é, uma sociedade capaz de satisfazer as necessidades das gerações de hoje sem comprometer a capacidade e as oportunidades das gerações futuras.

As **críticas ao conceito de desenvolvimento sustentável** e à própria ideia de **sustentabilidade** vêm do fato de que o ambientalismo trata separadamente as questões sociais das ambientais. O movimento conservacionista surgiu como uma tentativa elitista dos países ricos no sentido de reservar grandes áreas naturais preservadas para o seu lazer e contemplação. A Amazônia, por exemplo. Não era uma preocupação com a sustentabilidade do planeta, mas com a continuidade dos seus privilégios, em contraste com as necessidades da maioria da população. Como diz o biólogo e paleontólogo norte-americano Stephen Jay Gould, "nunca conseguimos nos livrar inteiramente desta visão do ambientalismo como algo oposto às necessidades humanas imediatas, especialmente as necessidades dos pobres e desafortunados" (*O Estado de S. Paulo*, p. 4, 6 jun., 1993). O sucesso da luta ecológica depende muito da capacidade de os ecologistas convencerem a maioria da população, a população mais pobre, de que se trata não apenas de limpar os rios, despoluir o ar, reflorestar os campos devastados para vivermos num planeta melhor num futuro distante. Mas também de dar uma solução, simultaneamente, aos problemas ambientais e aos problemas sociais. Os problemas de que trata a ecologia não afetam apenas o meio ambiente. Afetam o ser mais complexo da natureza, que é o ser humano. Na feliz fórmula de Leonardo Boff, "queremos uma justiça social que combine com a justiça ecológica. Uma não existe sem a outra" (*O Estado de S. Paulo*, p. 2, 6 jun., 1993). Os mais ameaçados pela destruição do planeta são os pobres.

Elmar Altvater considera a teoria do "desenvolvimento sustentável" do Relatório Brundtland – "um desenvolvimento que satisfaz as necessidades do presente sem colocar em risco a possibilidade de satisfação das necessidades das gerações futuras" – uma "fórmula vazia" (1995, p. 282), pois ela supõe uma "solidariedade sincrônica e diacrônica entre as pessoas e entre as sociedades [...] " Naturalmente ["naturalmente" em seu duplo sentido], este princípio implica um distanciamento em relação ao princípio do lucro e, portanto, também a situação de não precisar respeitar as restrições [monetárias] externas. Contudo, via de regra, justamente esta questão é deixada de lado no debate sobre um desenvolvimento sustentável: as pessoas fazem de conta que seria possível erigir, no plano nacional, uma economia que poupa o meio ambiente, é eficiente e voltada para o futuro, e que, simultaneamente, corresponda às restrições orçamentárias do fordismo internacional" (idem, p. 282-3). Altvater concorda que o desenvolvimento *"deve* ser economicamente eficiente, ecologicamente suportável, politicamente democrático e socialmente justo", mas não vê como isso pode ser feito sob o modo de produção fordista, intrinsecamente insustentável. Essa é a maior contradição da proposta do desenvolvimento sustentável: "A ideia normativa da qualidade de ser sustentável é destruída pela análise das restrições [externas] de uma moderna sociedade capitalista industrial. A organização de estruturas econômicas e sociais coerentes permite ser sustentável apenas de modo condicional – somente enquanto não se colide com as restrições sistêmicas externas, sobretudo o princípio do lucro, a competitividade, a imposição das condições objetivas. A conclusão é simples e realista. Ser sustentável [...] constitui norma digna de ser efetivada, mas que só se pode converter em realidade na medida em que as instituições básicas da sociedade não sejam consideradas sacrossantas. Isto se refere naturalmente também às instituições da nova (des)ordem mundial" (p. 295-6). A proposta de Elmar Altvater de "ecologizar a economia" objetiva questionar as bases desse consagrado modelo econômico que ele considera "evangelicano" (evangélico + americano), no interior do qual eficácia econômica e justiça distributiva seriam o mesmo que a "quadratura do círculo" (p. 304-5). O sonho de um capitalismo ecológico é insustentável.

O conceito de "desenvolvimento não é um conceito neutro. Ele tem um contexto bem preciso dentro de uma ideologia do progresso, que supõe uma concepção de história, de economia, de sociedade e do próprio ser humano. O conceito foi utilizado numa visão colonizadora, durante muitos anos, na qual os países do globo foram divididos entre "desenvolvidos", "em desenvolvimento" e "subdesenvolvidos", remetendo-se sempre a um padrão de industrialização e de consumo. Ele supõe que todas as sociedades devam orientar-se por uma única via de acesso ao bem-estar e à felicidade, a serem alcançados apenas pela acumulação de bens materiais. Metas de desenvolvimento foram impostas pelas políticas econômicas neocolonialistas dos países chamados "desenvolvidos", em muitos casos com enorme aumento da miséria, da violência e do desemprego. Junto com esse modelo econômico, com seus ajustes por vezes criminosos, foram transplantados valores éticos e ideais políticos que levaram à desestruturação de povos e nações.

Não é de se estranhar, portanto, que muitos tenham reservas quando se fala em desenvolvimento sustentável. "O mito do desenvolvimento determinou o crescimento em função do qual tudo foi sacrificado. Permitiu justificar ditaduras impiedosas, seja do modelo 'socialista' do partido único, seja do modelo pró-ocidental militar. As crueldades das revoluções do desenvolvimento agravaram as tragédias do subdesenvolvimento [...] A ideia desenvolvimentista foi e continua sendo cega às riquezas culturais das sociedades arcaicas ou tradicionais que não foram vistas a não ser através de óculos economistas e quantitativos [...] Fruto de uma racionalização ocidental cêntrica, o desenvolvimentismo foi, da mesma maneira, cego ao fato de que as culturas de nossas sociedades desenvolvidas comportam nelas, como em todas as culturas, mas de maneiras diferentes, ao lado de verdades e de virtudes profundas, ideias arbitrárias, mitos não fundados, enormes ilusões e cegueiras terrificantes" (MORIN, 1993, p. 90-1). E conclui mais à frente (p. 93) que "toda evolução comporta abandono, toda criação comporta destruição, todo ganho histórico paga-se com uma perda". O desenvolvimentismo levou a uma "agonia do planeta". Temos hoje consciência de uma iminente catástrofe se não traduzirmos essa consciência em atos para retirar do desenvolvimento essa visão predatória, concebê-lo de forma mais antropológica e menos economicista, e salvar a Terra.

Parece claro que entre sustentabilidade e capitalismo existe uma incompatibilidade de princípios. Essa é uma contradição de base que está inclusive no centro de todos os debates da *Carta da Terra* e que pode inviabilizá-la. Tenta-se conciliar dois termos inconciliáveis. Não são inconciliáveis em si, metafisicamente. São inconciliáveis no atual contexto da globalização capitalista. O conceito de desenvolvimento sustentável é impensável e inaplicável neste contexto. O fracasso da *Agenda 21* o demonstra. Nesse quadro, o "desenvolvimento sustentável" é tão inconciliável quanto a "transformação produtiva com equidade" defendida pela Cepal. Como pode existir um crescimento com equidade, um crescimento sustentável numa economia regida pelo lucro, pela acumulação ilimitada, pela exploração do trabalho, e não pelas necessidades das pessoas? Levado às suas últimas consequências, a utopia ou projeto do "desenvolvimento sustentável" coloca em questão não só o crescimento econômico ilimitado e predador da natureza, mas o modo de produção capitalista. Ele só tem sentido numa economia solidária, numa economia regida pela compaixão e não pelo lucro. A **compaixão** deve ser entendida aqui na sua concepção etimológica original de "compartilhar o sofrimento". Na produção de sua existência, o ser humano divide o peso da dor de forma iníqua: para muitos, a dor e para uma minoria, o máximo de prazer e consumo. O sofrimento precisa ser distribuído mais democraticamente. E isso só se fará pela justiça social. Há guerras, conflitos, sofrimentos, dor... talvez sempre existirão, mas poder-se-ia ter mais paz se tivéssemos mais justiça. A solidariedade é uma utopia contemporânea e como toda utopia, afirma Eduardo Galeano, não serve para nada; serve apenas para caminhar – para nos manter vivos, esperando, lutando, como dizia o "andarilho da utopia" Paulo Freire. Lutar por um mundo menos malvado, menos feio e mais justo. A utopia do "desenvolvimento sustentável" é certamente contraditória e parece não servir para grandes coisas, mas ela nos prestará um bom serviço, desde já, se nos guiar para uma sociedade do futuro na construção da solidariedade.

Para Francisco Gutiérrez, parece impossível construir um **desenvolvimento sustentável** sem que haja uma educação para isto. Para ele, o desenvolvimento sustentável requer quatro **condições básicas**. Ele deve ser:

1 – economicamente factível;

2 – ecologicamente apropriado;

3 – socialmente justo;

4 – culturalmente equitativo, respeitoso e sem discriminação de gênero.

Essas condições do desenvolvimento sustentável são suficientemente claras, autoexplicativas. O desenvolvimento sustentável, mais do que um *conceito científico,* é uma ideia-força, uma ideia mobilizadora nesta travessia de milênio. "Apesar das críticas a que tem sido sujeito, o conceito de desenvolvimento sustentável representa um importante avanço na medida em que a Agenda 21 global, como plano abrangente de ação para o desenvolvimento sustentável no século XXI, considera a complexa relação entre desenvolvimento e meio ambiente numa variedade de áreas" (JACOBI, 1999, p. 18). Como afirmou certa feita Juha Sipilä, diretor do Conselho Metropolitano de Helsinque, "desenvolvimento sustentável significa usarmos nossa ilimitada capacidade de pensar em vez de nossos limitados recursos naturais" (KRANZ, 1995, p. 8). Para Leonardo Boff (1999, p. 198), "uma sociedade ou um processo de desenvolvimento possui sustentabilidade quando por ele se consegue a satisfação das necessidades, sem comprometer o capital natural e sem lesar o direito das gerações futuras de verem atendidas também as suas necessidades e de poderem herdar um planeta sadio com seus ecossistemas preservados".

A escala local tem de ser compatível com uma escala planetária. Daí a importância da articulação com o poder público. As pessoas, a sociedade civil, em parceria com o Estado precisam dar sua parcela de contribuição para criar cidades e campos saudáveis, sustentáveis, isto é, com qualidade de vida. **Qualidade de vida** é um conceito distinto do conceito de "nível ou padrão de vida". Fala-se de nível ou padrão para designar a satisfação de uma parte das necessidades humanas, principalmente as necessidades econômicas. Qualidade de vida faz referência à satisfação do conjunto das necessidades humanas: saúde, moradia, alimentação, trabalho, educação, cultura, lazer. Qualidade de vida significa ter a possibilidade de decidir autonomamente sobre seu próprio destino.

Em seu livro *Pedagogia para el Desarrollo Sostenible* (1994), Francisco Gutiérrez denomina desenvolvimento sustentável como aquele que apresenta algumas **características** (ou "chaves pedagógicas") que se completam entre elas numa dimensão mais *holística* e que apontam para novas formas de vida do "cidadão ambiental":

1ª – Promoção da vida para desenvolver o *sentido da existência*. Devemos partir de uma cosmovisão que vê a Terra como um "único organismo vivo". Entender com profundidade o planeta nessa perspectiva implica uma revisão de nossa própria cultura ocidental, fragmentária e reducionista, que considera a Terra um ser inanimado a ser "conquistado" pelo homem.

Uma visão que se contrapõe à cultura ocidental imperialista, que nos causa impacto pela maneira peculiar com que se relaciona com a natureza, é a filosofia maia. Ao invés de agredir a terra para conquistá-la, os maias, antes de ará-la para "cultivá-la" (ou seja, cultuá-la), eles fazem uma cerimônia religiosa na qual pedem perdão à Mãe-Terra por agredi-la com o arado para dela tirarem o seu sustento. Como afirmou o índio guarani Antônio Carlos Karaí-Mirim, do Centro de Cultura Indígena Guarany Ambá-Arandú de São Paulo, "os povos naturais do Continente Americano (amerígenas/ameríncolas) seguem um desenvolvimento cultural tradicional milenar, tendo como premissas o respeito profundo à harmonização dos Ecossistemas nos reinos da vida" (IPF, 1999, p. 18). Os povos e nações indígenas têm muito a ensinar no que diz respeito à pedagogia da Terra.

2ª – Equilíbrio dinâmico para desenvolver a *sensibilidade social*. Por equilíbrio dinâmico Gutiérrez entende a necessidade de o desenvolvimento econômico preservar os ecossistemas.

3ª – Congruência harmônica que desenvolve a *ternura* e o *estranhamento* ("assombro", capacidade de deslumbramento) e que significa sentir-nos como mais um ser – embora privilegiado – do planeta, convivendo com outros seres animados e inanimados. Segundo Gutiérrez, "na busca desta harmonia será preciso uma maior vibração e vinculação emocional com a Terra" (1994, p. 19). "Na construção de nossas vidas, como cidadãos ambientais, não podemos seguir, como até agora, excluindo toda retroalimentação ao sentir a emoção – e a intuição – como fundamento da relação entre os seres humanos e a natureza" (GUTIÉRREZ, 1996, p. 17).

4ª – Ética integral, isto é, um conjunto de valores – consciência ecológica – que dá sentido ao equilíbrio dinâmico e à congruência harmônica e que desenvolve a capacidade de *autorrealização*.

5ª – Racionalidade intuitiva que desenvolve a capacidade de *atuar como um ser humano integral*. A racionalidade técnica e instrumental que fundamenta o desenvolvimento desequilibrado e irracional da economia clássica precisa ser substituída por uma racionalidade emancipadora, intuitiva, que conhece os limites da lógica e não ignora a afetividade, a vida, a subjetividade. Ou, como diz Morin, por uma "lógica do vivente": "Nós tivemos de abandonar um universo ordenado, perfeito, eterno, por um universo em devir dispersivo, nascido no cenário onde entram em jogo, dialeticamente – isto é, de maneira ao mesmo tempo complementar, concorrente e antagônica –, ordem, desordem e organização [...] É por isso que todo conhecimento da realidade que não é animado e controlado pelo paradigma da complexidade está condenado a ser mutilado e, neste sentido, à falta de realismo" (MORIN, 1993, p. 69, 148). O paradigma da *racionalidade técnica*, concebendo o mundo como um "universo ordenado, perfeito", admitindo que é preciso apenas conhecê-lo e não transformá-lo, acaba conduzindo à naturalização das desigualdades sociais. Elas deveriam ser aceitas porque o mundo é "assim mesmo" e é "natural" que seja assim. A racionalidade técnica acaba justificando a injustiça e a iniquidade.

6ª – Consciência planetária que desenvolve a *solidariedade planetária*. Um planeta vivo requer de nós uma consciência e uma cidadania planetárias, isto é, reconhecermos que somos parte da Terra e que podemos viver com ela em harmonia – participando do seu devir – ou podemos perecer com a sua destruição. Segundo Francisco Gutiérrez, a razão de ser da planetaridade e sua lógica é consequência tanto de uma nova era científica – não deixar a ciência só para os cientistas – quanto do "recente descobrimento da Terra como um ser vivo" (GUTIÉRREZ, 1996, p. 3).

Essas são também as características de uma "sociedade sustentável", o que nos leva a concluir que não há "desenvolvimento sustentável" sem "sociedade sustentável". Além de se constituírem em princípios ou "chaves pedagógicas" (GUTIÉRREZ), as características acima descritas podem muito bem ser consideradas como princípios pedagógicos da sociedade sustentável.

Não resta dúvida de que esta concepção do desenvolvimento coloca em xeque o **consumismo** do modo de produção capitalista, principal responsável pela degradação do meio ambiente e pelo esgotamento dos recursos materiais do planeta. Esse **modelo de desenvolvimento**, baseado no lucro e na exclusão social, não só distancia cada vez mais ricos e pobres, países desenvolvidos e subdesenvolvidos, globalizadores e globalizados. Na era da globalização, o capitalismo está criando, em escala mundial, um ambiente favorável ao surgimento de alternativas políticas regressivas e antidemocráticas que se aproximam do fascismo. Ele "não nos traz apenas o produto, traz-nos formas de organização social que destroem a nossa capacidade de utilizá-lo adequadamente. Assistimos impotentes à bestificação de crianças e adultos frente à televisão, ao fato de passarmos cada vez mais tempo trabalhando intensamente para comprar mais coisas destinadas a economizar o nosso tempo. Vemos simultaneamente o impressionante avanço do potencial disponível e somos incapazes de transformar este potencial numa vida melhor [...] Enquanto aumenta o volume de brinquedos tecnológicos nas lojas, escasseiam o rio limpo para nadar ou pescar, o quintal com as suas árvores, o ar limpo, água limpa, a rua para brincar ou passear, a fruta comida sem medo de química, o tempo disponível, os espaços de socialização informal. O capitalismo tem necessidade de substituir felicidades gratuitas por felicidades vendidas e compradas" (Ladislau Dowbor in FREIRE, 1995, p. 12-3).

As críticas ao modelo insustentável de desenvolvimento começaram nos anos 1960. Herbert Marcuse (1964) denunciava a incompatibilidade entre a lógica capitalista e a ecologia, defendendo um ecossocialismo. A principal contradição está num modelo de desenvolvimento ilimitado num planeta de recursos limitados. Ivan Illich, na mesma época, alertava para a catástrofe final do "modo de produção industrial", que subordinava a vida humana a seus interesses e pregava o fortalecimento de meios "conviviais" de existência (ILLICH, 1973a), como a bicicleta em vez do automóvel (idem, 1973b). Mais tarde, Celso Furtado (1996) desmistificava a ideia de que os países pobres, seguindo o mesmo modelo de desenvolvimento capitalista, pudessem um dia atingir o nível de desenvolvimento dos países hoje chamados de desenvolvidos. A existência de países ricos e pobres faz parte da própria lógica do sistema. A insustentabilidade do sistema econômico capitalista é parte intrínseca do seu modelo de desenvolvimento. O subdesenvolvimento não é uma fase anterior ao desenvolvimento. É um mito imperialista a ideia de que os países subdesenvolvidos devem imitar os países desenvolvidos para superarem o seu subdesenvolvimento.

Segundo o excelente estudo de Gustavo F. da Costa Lima (1997, p. 210-1), essas críticas levaram a formular um novo conceito: o **ecodesenvolvimento**, baseado nos seguintes princípios:

1 – a satisfação das necessidades básicas da população;

2 – a solidariedade com as gerações futuras;

3 – a participação da população envolvida;

4 – a preservação dos recursos naturais e do meio ambiente em geral;

5 – a elaboração de um sistema social que garanta emprego, segurança social e respeito a outras culturas; e

6 – programas de educação.

Maurice Strong, diretor-executivo do Programa das Nações Unidas para o Meio Ambiente (PNUMA), utilizou, pela primeira vez, o termo "ecodesenvolvimento" em junho de 1973 para designar um tipo de desenvolvimento econômico e social em cuja planificação deve ser considerada a variável Meio Ambiente. Segundo Gustavo F. da Costa Lima (idem, p. 211), esse conceito "enfatiza ainda sua oposição aos modelos de crescimento imitativos, à importação de tecnologias inadequadas e à promoção da autonomia das populações envolvidas, de forma a superar a dependência cultural a referenciais externos. Caracteriza-se, enfim, como uma estratégia multidimensional e articulada de dinamização econômica, sensível à degradação ambiental e à marginalização social, cultural e política das populações consideradas". E acrescenta: "o conceito de sustentabilidade inova também, ao valorizar os problemas das relações norte-sul e, sobretudo, as especificidades dos países pobres, quando relaciona pobreza, riqueza e degradação, quando atenta para as implicações adversas da dívida externa no contexto socioambiental desses países, inclusive reconhecendo a desigualdade norte-sul e a maior responsabilidade relativa dos países do norte na construção de um desenvolvimento sustentável" (idem, p. 213).

Os graves problemas socioambientais e as críticas ao modelo de desenvolvimento foram gerando na sociedade maior consciência ecológica nas últimas décadas. Embora essa consciência não tenha ainda provocado mudanças significativas no modelo econômico e nos rumos das políticas governamentais, algumas experiências concretas apontam para uma crescente sociedade sustentável em marcha.

Com o despertar da consciência ecológica nasce também uma nova sociedade. Partidos políticos, socialistas principalmente, propõem políticas de sustentabilidade econômicas e, aos poucos, experiências novas vão surgindo. No mês de junho de 1997, a Conferência de Assentamentos Humanos – *Habitat II* –, organizada pelas Nações Unidas e realizada em Istambul, na Turquia, reuniu milhares de pessoas para discutir a qualidade de vida dos centros urbanos. Estavam presentes 3.638 delegados de 171 países, mais de 3 mil jornalistas e 2.500 representantes de organizações não governamentais. Podemos dizer que os participantes buscavam, no seio da velha cidade, o nascimento da **cidade sustentável** que todos almejamos. Foram abordados temas variados em torno da chamada "crise urbana", como violência, desemprego, falta de habitação, de transporte, de saneamento e miséria nas grandes cidades, degradando o meio ambiente e a qualidade de vida.

Experiências inovadoras de diversos países foram apresentadas e premiadas. Dentre elas, estavam as propostas do Brasil desenvolvidas por cidades de diferentes regiões. Fortaleza foi premiada por um projeto de reurbanização de favelas que evitou a demolição das casas e a retirada dos favelados do local, capacitando-os a construir sua própria moradia e conscientizando-os de que a melhoria da condição de vida dependia também deles mesmos. A proposta de orçamento municipal participativo de Porto Alegre, para combater a corrupção e promover o uso adequado do dinheiro público, constituindo-se num programa de capacitação cidadã da população para tomar em suas mãos o destino da sua cidade, e o programa de coleta e reciclagem de lixo, apresentado pela cidade do Recife, que resultou em geração de renda e redução de problemas de saúde, também foram projetos premiados. Pudemos constatar, sempre presente nessas experiências bem-sucedidas, um componente de educação comunitária e ambiental (ecoeducação), o que mostra a sua importância na melhoria da qualidade de vida da população e no desenvolvimento sustentável.

Também ficou claro nesta conferência que o *neoliberalismo*, fundado na lógica do mercado, predominante em muitos países, gerando desemprego, debilitando as políticas sociais do Estado, é um modelo econômico que não resolve – ao contrário, agrava – a crise urbana e não leva em conta a ideia do desenvolvimento sustentável contida na *Agenda 21*, estabelecida na reunião das Nações Unidas em 1992, no Rio de Janeiro. Mais tarde (setembro de 1999), o Fundo Monetário Internacional (FMI) reconheceu, publicamente, que suas diretrizes de política econômica seguidas pelos países-membros que tomam seus empréstimos não reduziam a pobreza; ao contrário, acentuavam a distância entre ricos e pobres.

O neoliberalismo determinou uma mudança profunda nas estratégias de desenvolvimento, pois é uma doutrina centralizada na economia de mercado globalizado, com uma ênfase no consumo imediato, nas políticas de ajuste estrutural que diminuem o papel do Estado, na privatização da economia, na competitividade sem solidariedade e na internacionalização dos processos econômicos, políticos e socioculturais.

Não podemos desconsiderar que os problemas urbanos são consequência do modelo econômico e da falta de um planejamento orientado pelo desenvolvimento sustentado, mas, inegavelmente, a educação e, em particular, a *educação comunitária e ambiental* também têm um papel importante, como pudemos constatar. Falou-se das deficiências de infraestrutura das grandes cidades, dos índices de pobreza, da insalubridade das casas e dos alimentos contaminados. Tudo isso causa, como sabemos, doenças como diarreia, pneumonia, malária e outras transmitidas pela água contaminada. Muitas dessas doenças, contudo, poderiam ser evitadas por uma educação para a saúde. A ecoeducação, a educação ambiental e comunitária (popular), o que chamamos aqui de **educação sustentável**, precisa, nesse sentido, ser estimulada. A elaboração de políticas de humanização e democratização das cidades necessita certamente de planejadores e urbanistas, mas necessita também de vontade política e de uma educação para a cidadania.

Leitura
COMPROMISSO ÉTICO DAS ONGs PARA UMA ATITUDE E CONDUTA ECOLÓGICA GLOBAL

Fórum Global – 1992

Preâmbulo

1 – Diante do grito da natureza, assim como de milhares de crianças que morrem de fome diariamente, de milhares de animais, plantas, peixes e aves cruelmente tratados e de florestas e povos exterminados em escala assustadora, a atual atitude daqueles que defendem o domínio técnico sobre a natureza tem sido de irresponsabilidade e de arbitrariedade. Vivemos sob a hegemonia de um modelo de desenvolvimento baseado em relações econômicas que privilegiam o mercado, e usam a natureza e os seres humanos como recursos e fontes de renda.

2 – As ONGs de todas as nações não podem ficar insensíveis a esse grito da natureza, e não aceitam um conceito de desenvolvimento sustentável que não seja usado para simplesmente produzir tecnologias limpas, enquanto se mantém o mesmo modelo de relações sociais, injusto e excludente para a maioria das populações do planeta.

3 – Buscando superar uma ética dualista que aliena o ser humano da natureza, entendendo o ser humano como parte pensante da mesma e assumindo a nossa própria responsabilidade, nós, os membros de várias organizações não governamentais de todo o mundo, presentes no Fórum Internacional de ONGs e Movimentos Sociais, por ocasião da CNUMAD-92, no Rio de Janeiro, propomos pautar nossas atitudes segundo este princípio.

Princípios gerais inspiradores

1 – Partimos do princípio da unidade na diversidade, onde cada ser individual é parte do todo e esse todo está representado em cada uma das suas partes. Entendemos que existe uma inter-relação entre todo o existente.

2 – Todos os seres, animados ou inanimados, possuem um valor existencial intrínseco que transcende valores utilitários, por isso, a todos deve ser garantido o direito à vida, à preservação, à proteção e à continuidade.

3 – A pessoa humana tem a possibilidade de contribuir ou não no conjunto das relações naturais, por isso tem a responsabilidade intransferível de ajudar na evolução destas relações.

4 – No respeito à vida, a humanidade e cada pessoa têm a própria responsabilidade e o compromisso de buscar seu próprio equilíbrio, a harmonia da família humana e a dos demais seres e ecossistemas, com solidariedade e cooperação, no respeito profundo às diferenças, excluindo todo tipo de dominação.

5 – Para um efetivo respeito, tanto da pessoa humana como de outras formas naturais de vida, é fundamental o resgate do valor essencial e incondicional da vida. Para garantir isto, devemos cultivar a honestidade, a coerência, o desprendimento e a simplicidade, superando o individualismo, o consumismo e o utilitarismo.

6 – Ressaltamos que, para a superação dos conflitos políticos e sociais, é imprescindível a adoção da metodologia da não violência. Constatamos, contudo, que as atitudes de denúncia se tornaram insuficientes. Por isso, é urgente a implementação das soluções ecologicamente adequadas propostas pelas ONGs.

Compromissos para a ação

1 – Exigir dos governos o respeito e o cumprimento dos tratados e convenções internacionais, especialmente: a Declaração Universal dos Direitos Fundamentais da Pessoa Humana; A Declaração Universal dos Direitos dos Animais; a Declaração Universal dos Direitos das Crianças; a Carta da Terra (Carta do Rio).

2 – Considerar e incentivar o respeito e a execução de todos os tratados e compromissos celebrados no Fórum Internacional de ONGs, sobre meio ambiente e desenvolvimento.

3 – No tocante ao desenvolvimento da biotecnologia e no intento de garantir um processo ético de produção, bem como o adequado uso e manejo de seus produtos, as ONGs se comprometem a exigir dos legisladores e governantes o controle social das pesquisas, para que se garanta o estabelecimento dos limites éticos para a sua expansão e aplicação, o acesso à informação e a justa distribuição dos benefícios resultantes.

4 – Trabalhar com firmeza na construção da democracia direta e participativa no interior das ONGs e na sociedade em geral, assegurando-se a liberdade de expressão, a desconcentração de poder e dos meios que conferem poder, e a participação das minorias.

5 – Contribuir em entusiasmo para a superação das barreiras artificiais, sejam políticas ou religiosas, objetivando a formação da nação humana universal. Para tanto, fica sugerida a adoção da língua internacional Esperanto como segunda língua de todos os povos, a ser difundida por todas as ONGs.

6 – As ONGs se comprometem a respeitar os princípios da simplicidade e do não desperdício, e, em relação às pequenas ONGs, a cooperação mútua, a fim de se estimular o fortalecimento e a eficácia das organizações como um todo.

7 – As ONGs se comprometem a apoiar todo o esforço para assegurar a saúde como um direito de todos, principalmente das crianças e deficientes físicos.

Questões para reflexão e aprofundamento dos temas

1 – Se o planeta é a minha casa e a Terra, o meu endereço, o que temos de fazer para mantê-los funcionando harmoniosamente? No cotidiano de uma vida humana, qual a dimensão da consciência ecológica?

2 – O que geralmente se entende por ecologia alcança o bem-estar humano? Explique.

3 – De que maneira pode ser medida a qualidade de vida? Ela é um direito construído de modo solitário ou em conjunto com a sociedade?

4 – Se a Terra é um único organismo vivo e nós somos apenas uma pequena parte dela, qual seria o nosso papel dentro desse imenso organismo?

5 – Em quais momentos você sente um vínculo emocional com o planeta Terra? Quais sensações a Terra desperta em você?

6 – Podemos transformar o pensamento de que tudo na Terra deve ser analisado e interpretado em um pensamento que admite que a realidade é desigual e desordenada e que a intuição pode ajudar a explicar a vida e o planeta?

7 – Como recuperar a felicidade gratuita de brincar, passear, explorar e descobrir a natureza a despeito do grande estímulo que nos é dado para que nos transformemos em consumidores passivos de produtos tecnológicos e industriais?

8 – Ao admitirmos que o atual modelo de desenvolvimento é ilimitado, embora se utilize de recursos naturais que são limitados, como construir um ecodesenvolvimento?

9 – Quais as principais diferenças entre os países do hemisfério norte e sul que marcam a desigualdade mundial?

10 – Relacione as mudanças que sua escola, comunidade, cidade e país poderiam estar implementando para colaborar na construção de um mundo menos desigual e degradado.

Capítulo 3
EDUCAÇÃO SUSTENTÁVEL

*[...] sentido e significado nunca
foram a mesma coisa, o significado
fica-se logo por aí, é directo, literal,
explícito, fechado em si mesmo, unívoco,
por assim dizer, ao passo que o sentido
não é capaz de permanecer quieto,
fervilha de sentidos segundos,
terceiros e quartos de direcções irradiantes
que se vão dividindo e subdividindo
em ramos e ramilhos, até se perderem
de vista, o sentido de cada palavra
parece-se com uma estrela quando se
põe a projectar marés vivas pelo espaço
fora, ventos cósmicos, perturbações
magnéticas, aflições.*

José Saramago, Todos os nomes, *p. 135.*

A sensação de se pertencer ao universo não se inicia na idade adulta nem por um ato de razão. Desde a infância, sentimo-nos ligados com algo que é muito maior do que nós. Desde criança nos sentimos profundamente ligados ao universo e nos colocamos diante dele num misto de espanto e respeito. E, durante toda a vida, buscamos respostas ao que somos, de onde viemos, para onde vamos, enfim, qual o sentido da nossa existência. É uma busca incessante e que jamais termina. A educação pode ter um papel nesse processo se colocar questões filosóficas fundamentais, mas também se souber trabalhar ao lado do conhecimento essa nossa capacidade de nos encantar com o universo.

Hoje, tomamos consciência de que o **sentido das nossas vidas** não está separado do sentido do próprio planeta. Diante da degradação das nossas vidas no planeta chegamos a uma verdadeira "encruzilhada", como dizem Brian Swimme e Thomas Berrry (1992, p. 250). Segundo eles, há dois caminhos possíveis para buscar esse sentido da nossa existência em relação com a Terra: a) o *Tecnozoico*, que coloca toda a fé na capacidade da tecnologia de nos tirar da crise sem mudar nosso estilo poluidor e consumista de vida; b) o *Ecozoico*, fundado numa nova relação saudável com o planeta, reconhecendo que somos parte do mundo natural, vivendo em harmonia com o universo, caracterizado pelas atuais preocupações ecológicas. Temos duas escolhas possíveis. Elas definirão o futuro que teremos.

Não me parece realmente que sejam caminhos totalmente opostos. Tecnologia e humanismo não se contrapõem. Mas, é claro, houve excessos no nosso "estilo poluidor e consumista de vida" e que não é fruto da técnica, mas do modelo econômico. Este é que tem de ser posto em causa. E esse é um dos papéis da educação sustentável ou ecológica, como a denomina David Hutchison. Em seu livro *Educação ecológica*, a partir de uma perspectiva ambiental e construtivista, apresenta três filosofias contemporâneas da educação: a tecnocrática, a progressista e a holística. "Os proponentes da filosofia *tecnocrática* afirmam que o declínio na saúde da economia americana, canadense e de outros países industrializados exige um retorno a um programa básico de instrução e um compromisso renovado com parâmetros superiores de conquista educacional. Os incentivadores da educação *progressista* argumentam em favor de uma abordagem baseada na investigação à aprendizagem, a qual apoia uma disposição para a realização de experimentos pelos estudantes. Os proponentes da filosofia *holística* salientam a busca de significado e de finalidade nos mundos físico e cultural que circundam as crianças" (2000, p. 39). A filosofia holística se fundamenta nas recentes descobertas da física quântica, que demonstrou essa intimidade de tudo com tudo, embora isso já tenha sido enunciado pela dialética do século XIX. O que a física de hoje está mostrando é que a visão atomista de um mundo desconectado, fragmentado, não se sustenta mais. O que prevalece no mundo é a conectividade de tudo com tudo. O holismo introduziu a ideia da *espiritualidade* não como religião ou crença em Deus, mas como busca permanente de sentido para a vida. A espiritualidade é algo pessoal, embora construída socialmente, que está presente no ser humano desde a infância.

Hutchison não questiona fundamentalmente o modelo econômico que nós julgamos seja também uma das tarefas da pedagogia da Terra. Ele trata mais da "consciência ambiental", como ele mesmo diz. Embora Hutchison aceite melhor a perspectiva holística, ele faz duas críticas a ela (idem, p. 62): o antropocentrismo e o descompromisso social. A educação holística está demasiadamente centrada na liberdade individual e não consegue abordar a questão da justiça social. Ele reconhece que existe uma grande diversidade de correntes holísticas, mas essas características parecem comuns a todas elas. "A glorificação do indivíduo dentro de certas correntes humanísticas e transpessoais da educação holística revela um grau de antropocentrismo que combina com o das filosofias tecnocratas, progressistas e liberacionistas [...] Talvez o maior desafio com que o movimento holístico se depara atualmente não surja da perspectiva da crise ecológica, mas, em vez disso, de um fracasso em abordar seriamente questões de justiça pessoal e social, e, por extensão, o papel da violência" (idem, p. 64). O holismo não tem uma resposta para o grave problema da violência que atinge hoje todos os níveis sociais e todas as idades, inclusive as crianças. Segundo Hutchison, "um dos maiores desafios enfrentados pelos educadores na atualidade envolve o abismo aparentemente crescente entre a vida idílica que gostaríamos de ser capazes de garantir para as crianças e a realidade de muitas crianças que vivem em comunidades empobrecidas e violentas no mundo inteiro" (idem, ibid., p. 121). Os limites tanto da **educação ecológica** de Hutchison quanto da **educação holística** são evidentes: a primeira não questiona o modelo econômico e a segunda não se preocupa com a justiça social.

A perspectiva de David Hutchison é a de uma *educação ecológica* fortemente centrada na consciência ambiental. Seguindo muito nas trilhas abertas por Thomas Berry, ele recupera, no campo educacional, o conceito de educação integral, atualizando-o com as contribuições da ecologia. As crianças têm o direito de viver num ambiente acolhedor, o direito de saber que mundo os adultos lhes reservaram. Para combater o antropocentrismo na educação da criança e reforçar a perspectiva biocêntrica, ele apresenta as bases de um currículo cujo objetivo é a "recuperação da Terra", com conteúdos e metodologias adequadas a esse propósito. Encontra nas pedagogias Waldorf e Montessori bons exemplos do uso de materiais naturais na sala de aula. Apoia-se também em Steve van Matre (1992), para apresentar os conceitos básicos sobre o conhecimento da Terra e do universo e de sua história para crianças. David Hutchison não consegue apresentar uma proposta pedagógica completa e articulada de sua *educação ecológica*. Contudo, dá uma boa contribuição aos estudos para fundamentar uma pedagogia da Terra. E conclui: "Nossa tarefa para o futuro imediato deve ser a de continuar a articular essa visão e a de construir um paradigma curricular para as escolas que nos possa ajudar, da melhor forma possível, a recuperar um modo humano autêntico de relação com o mundo natural e a enfrentar de modo direito os desafios ecológicos com os quais nos deparamos atualmente" (2000, p. 164). Creio para realizar esse propósito podemos nos apoiar ainda na **dialética**, que se constitui no melhor referencial teórico para abordar questões filosófica, e educacionais como essa.

Aprendemos com a "velha" dialética a interconexão de todas as coisas: "tudo se relaciona; tudo se transforma" (GADOTTI, 1995, p. 109), que é, ao mesmo tempo, ocidental e oriental. Só que a ecologia nos coloca hoje diante de novos desafios a que o modo de pensar ocidental não responde adequadamente. A tradição ocidental acentuou a visão darwiniana de que "a vida em sociedade é uma batalha competitiva pela existência", crendo "num progresso material sem limites a ser alcançado através do crescimento econômico e tecnológico" (CAPRA, 1993, p. 8-9). Ter uma consciência ecológica, isto é, "ser ecologicamente alfabetizado", significa olhar o mundo de outra forma, pensar diferentemente: pensar em termos de relações e encadeamentos "das hierarquias para as redes cooperativas" (comunidades de aprendizagem), "das estruturas para os processos" (idem, ibid.).

O desenvolvimento sustentável tem um **componente educativo** formidável: a preservação do meio ambiente depende de uma consciência ecológica e a formação da consciência depende da educação. É aqui que entra em cena a ecopedagogia. Ela é uma pedagogia para a **promoção da aprendizagem** do *sentido das coisas a partir da vida cotidiana*. Encontramos o sentido ao caminhar, vivenciando o contexto e o processo de abrir novos caminhos, não apenas observando o caminho. É por isso uma pedagogia democrática e solidária. Encontramos essa preocupação com a cotidianidade desde os primeiros escritos de Paulo Freire: "É nesse sentido que se pode afirmar que o homem não vive autenticamente enquanto não se acha integrado com a sua realidade. Criticamente integrado com ela. E que vive vida inautêntica enquanto se sente estrangeiro na sua realidade. Dolorosamente desintegrado dela. Alienado de sua cultura. [...] não há organicidade na superposição, em que inexiste a possibilidade de ação instrumental. [...] a organicidade do processo educativo implica a sua integração com as condições do tempo e do espaço a que se aplica para que possa alterar ou mudar essas mesmas condições. Sem esta integração o processo se faz inorgânico, superposto e inoperante" (FREIRE, 1959, p. 9). Se não houver "relação de organicidade", pouco mudará, não haverá "promoção da aprendizagem" (Gutiérrez). A ecopedagogia se propõe a realizar essa "organicidade" (Freire) na promoção da aprendizagem, e isso só será conseguido numa relação democrática e solidária.

O que significa promover? Segundo Francisco Gutiérrez, que cunhou a palavra "ecopedagogia" no início dos anos 1990, promover é "facilitar, acompanhar, possibilitar, recuperar, dar lugar, compartilhar, inquietar, problematizar, relacionar, reconhecer, envolver, comunicar, expressar, comprometer, entusiasmar, apaixonar, amar" (GUTIÉRREZ, 1996, p. 36).

O que significa caminhar com sentido? Na "educação bancária" (Paulo Freire), não se discute o sentido da aprendizagem, pois, para essa educação, aprender é um fim em si mesmo. A ecopedagogia teve origem na "educação problematizadora" (Paulo Freire), que se pergunta sobre o **sentido** da própria aprendizagem. Para Francisco Gutiérrez, "caminhar com sentido significa, antes de mais nada, dar sentido ao que fazemos, compartilhar sentidos, *impregnar de sentido* as práticas da vida cotidiana e compreender o sem-sentido de muitas outras práticas que aberta ou solapadamente tratam de impor-se" (GUTIÉRREZ, 1996, p. 39).

A pedagogia tradicional centrava-se na *espiritualidade*, a pedagogia da escola nova, na *democracia* e a tecnicista, na *neutralidade* científica. A ecopedagogia centra-se na *relação* entre os sujeitos que aprendem juntos "em comunhão" (Paulo Freire). É sobretudo uma **pedagogia ética**, uma "ética universal do ser humano" (FREIRE, 1997, p. 19), não a "ética do mercado" (idem), que fundamenta a **mercoescola**. Continua Paulo Freire: "Não podemos nos assumir como sujeitos da procura, da decisão, da ruptura, da opção, como sujeitos históricos, transformadores, a não ser assumindo-nos como sujeitos éticos [...] a ética de que falo é a que se sabe afrontada na manifestação discriminatória de raça, de gênero, de classe. É por esta ética inseparável da prática educativa, não importa se trabalhamos com crianças, jovens ou com adultos, que devemos lutar. E a melhor maneira de por ela lutar é vivê-la em nossa prática, é testemunhá-la, vivaz, aos educandos em nossas relações com eles" (idem, ibid.).

A ética não é mais uma coisa, um conteúdo, uma disciplina, um conhecimento que se deve acrescentar ao quefazer educativo. É a própria essência do ato educativo. Por isso, "a eticidade conota expressivamente a natureza da prática educativa, enquanto prática formadora" (idem, p. 16). Na visão da ecopedagogia, ela é parte essencial da competência (práxis) de um educador (RIOS, 1993). A democracia e a cidadania são parte integrante hoje da reconstrução ético-política da educação. Por isso, a cidadania acabou tornando-se o eixo central da educação (escola cidadã). Neste aspecto, a ética acaba confundindo-se com a noção de cidadania.

Ética vem do grego: *êthos* e, mais tarde, *éthos*.

Por *êthos* os gregos entendiam o espaço externo ocupado pelo homem como refúgio, toca, abrigo, morada. O espaço de segurança onde o homem sente-se protegido da luta diária. Depois de um dia de trabalho, de busca da sua sobrevivência, da luta pela vida, ele se desarma, tira o seu uniforme, suas formalidades e se aconchega ao lar, sentindo-se "em casa". Mas não é um espaço dado. É construído e reconstruído permanentemente. "Temos que reconstruir a casa humana comum – a Terra – para que nela todos possam caber. Urge modelá-la de tal forma que tenha sustentabilidade para alimentar um novo sonho civilizacional. A casa humana hoje não é mais o estado-nação, mas a Terra como pátria/mátria comum da humanidade" (BOFF, 1999, p. 27).

Por *éthos* os gregos entendiam o espaço interno do ser humano, isto é, o seu caráter, a sua personalidade, os seus hábitos e costumes, que iam se modificando na medida em que ele pertencia a uma comunidade, onde construía a sua identidade. Assim, a ética pode ser definida como a "arte de conviver" (Lia Diskin in MIGLIORI, 1998, p. 65-77), o que implica desenvolver certas habilidades e capacidades para se relacionar com o outro, adquiridas por meio da práxis, da reflexão e do exemplo.

Hoje a ética volta ao centro dos debates das ciências da educação, na medida em que a escola tornou-se um local problemático e na medida em que a sobrevivência do ser humano está diretamente relacionada à sobrevivência do planeta. Dispomos de instrumentos que podem destruir o planeta, e, se não houver um comportamento ético, individual e institucional de buscar o bem comum e a solidariedade, acabaremos aniquilando a nós mesmos (era do exterminismo). A ética e a solidariedade não são hoje apenas uma virtude, um dever. São condições, exigências da sobrevivência do planeta e dos seres que nele vivem. "As inquietações éticas pairam em todas as áreas do fazer e saber humanos. Saiu do reduto acadêmico a que esteve confinada por séculos e está no meio da *agorá*, no mercado, nos sindicatos, nos governos, nos quirófanos, nos teatros, nos bares, nas esquinas, nas milícias, nos laboratórios, nos navios e mais longe ainda [...] entre os astronautas da Estação Mir" (idem, ibid., p. 76).

A ecopedagogia pretende desenvolver um **novo olhar** sobre a educação, um olhar global, uma nova maneira de ser e de estar no mundo, um jeito de pensar a partir da vida cotidiana, que busca sentido a cada momento, em cada ato, que "pensa a prática" (Paulo Freire), em cada instante de nossas vidas, evitando a burocratização do olhar e do comportamento.

Foi explorando a problemática da autoformação que Gaston Pineau criou o neologismo **ecoformação** nos anos 1980, relacionando-o às histórias de vida das pessoas. Experiências cotidianas aparentemente insignificantes – como uma corrente de ar, um sopro de respiração, a água da manhã na face – fundamentam as relações com si próprio e com o mundo. A tomada de consciência dessa realidade é profundamente formadora. O meio ambiente forma tanto quanto ele é formado ou deformado. O movimento pela ecoformação surgiu "do encontro de dois movimentos de pesquisa, um, o educativo e outro, o ecológico. Por muito tempo paralelos, esses dois movimentos encontraram no ar um primeiro elemento comum para refletir um novo espaço de formação" (PINEAU, 1992, p. 23). Ele se inspirou na teoria dos "três mestres de Rousseau": "eu, os outros, as coisas", enunciado logo no início do *Emílio*, o que, segundo Rousseau, tornava a educação um fenômeno "tão complexo como a vida". Para Rousseau, "o desenvolvimento interno das nossas faculdades e dos nossos órgãos é a educação da natureza; o uso que nos ensina o que fazer desde o desenvolvimento é a educação dos homens; e o que adquirimos através da nossa própria experiência sobre os objetos que nos afetam é a educação das coisas [...] Cada um de nós é formado, portanto, por três espécies de mestres" (ROUSSEAU, 1966, p. 37).

No livro *De l'air:* essai sur l'écoformation, Pineau sustenta que o **ar** é "o meio mais material, mais elementar desta cosmicidade na idade do hábitat humano; o mais leve também; o mais discreto" (p. 17). "Esse suporte vital omnipresente é de uma tal discreção que a partícula privativa *in* é sobreutilizada para qualificá-lo. O ar é um gás in-visível, in-odoro, in-color, impalpável, in-forme, e são suas qualidades negativas que fazem com que ele veicule as imagens, os odores, as cores, as formas, os movimentos" (idem, ibid., p. 24). Pineau e seus colaboradores pretendem pesquisar outros elementos tradicionais das cosmogonias ocidentais: além do ar, a água, a terra e o fogo. A água – também in-odora, in-color, in-visível (transparente), in-sípida – é hoje uma das principais preocupações da humanidade. Sem ela não há vida no planeta. A pesquisa sobre esses temas prossegue e sua "aplicação" prática, pedagógico-metodológica também.

Gaston Pineau aproxima a teoria dos "três mestres de Rousseau" – a natureza humana, a sociedade e as coisas – do "paradigma verde" de Edgar Morin, que concebe a vida e sua formação a partir de três pólos, distintos e inseparáveis: o indivíduo, a espécie e o meio ambiente. Cada um desses pólos depende vitalmente das relações estabelecidas com os outros. "Por *verde*, Morin refere-se, sem dúvida, em primeiro lugar, a uma explicação ecológica da vida que leva em conta essa verdade simples das relações vitais para além dos recortes disciplinares e burocráticos para compreender ou controlar essa vida. Mas o verde conota também a imaturidade. Esse adjetivo também colora esse modelo explicativo de uma tintura de novidade, de inacabamento. Esse modelo emerge e seu interesse reside mais nas possibilidades heurísticas que ele deixa entrever do que nos produtos acabados que ele poderia colher" (idem, ibid., p. 246). E conclui: Jean-Jacques Rousseau concretiza, em educação, de uma maneira surpreendente o paradigma verde tri-polar de Edgar Morin.

A intuição de Gaston Pineau em relação à ecoformação e à autoecoformação nasceu do entrecruzamento de dois campos de preocupação: os relatos da *vida cotidiana* e a relação entre *educação permanente e ecologia*. A pesquisa de Francisco Gutiérrez sobre a ecopedagogia também originou-se na preocupação com o sentido da vida cotidiana. Creio que está aí a aproximação de ambos com Edgar Morin. A formação está ligada ao espaço/tempo no qual se realizam concretamente as relações entre o ser humano e o meio ambiente. Elas se dão sobretudo no âmbito da sensibilidade, muito mais do que no nível da consciência. Elas se dão, portanto, muito mais no plano da subconsciência: não as percebemos e, muitas vezes, não sabemos como elas acontecem. É preciso uma **ecoformação** para torná-las conscientes. E a ecoformação necessita de uma ecopedagogia. Como destaca Pineau, uma série de referenciais se associam para isso: a inspiração bachelardiana, os estudos do imaginário, a abordagem da transversalidade, da transdisciplinaridade e da interculturalidade, o construtivismo e a pedagogia da alternância.

Eric Beaudout, um dos colaboradores de Gaston Pineau, do Gref – Grupo de Pesquisa sobre a Ecoformação –, da Universidade François Rabelais de Tours (França), num texto apresentado num colóquio em 1997, sustentou que a ecoformação é ao mesmo tempo um "conceito heurístico e operatório", cuja finalidade é "compreender as relações formadoras entre o homem e o meio ambiente". Destaco essa tese de Eric Beaudout porque ela remete a um tema central da própria ecopedagogia. Precisamos de uma ecopedagogia e uma ecoformação hoje, precisamos de uma **pedagogia da Terra**, justamente porque sem essa pedagogia para a re-educação do homem, principalmente do homem ocidental, prisioneiro de uma cultura cristã predatória, não poderemos mais falar da Terra como um lar, como uma toca, para o "bicho-homem", como fala Paulo Freire. Sem uma **educação sustentável**, a Terra continuará apenas sendo considerada como espaço de nosso sustento e de domínio técnico-tecnológico, objeto de nossas pesquisas, ensaios e, algumas vezes, de nossa contemplação. Mas não será o espaço de vida, o espaço do aconchego, de "cuidado" (Boff).

No Brasil, Gaston Pineau encontrou "terra fértil" para suas ideias no projeto Escola da Natureza, de Brasília, criado em 1996 durante o governo de Cristovan Buarque, trabalhando com barro, sucata, reciclagem, trilhas ecológicas, origamis, ecodramas, em numerosas oficinas, inserindo o tema transversal Meio Ambiente no programa escolar. Os quatro elementos foram trabalhados, principalmente a água, estratégica para a região do Planalto Central do Brasil, onde se situa Brasília. A Escola da Natureza tinha por preocupação ultrapassar o plano da sensibilização – própria de iniciativas semelhantes levadas adiante por grupos religiosos e holísticos – para integrar a ecoformação de maneira científica aos conteúdos da educação escolar e, portanto, ao currículo.

Como relatou no ano seguinte, em Paris, a professora Vera Lessa Catalão, a Escola da Natureza foi criada "para funcionar como um centro de troca e de irradiação de uma pedagogia capaz de unir ética, cidadania e meio ambiente como conteúdos da educação escolar. Ao mesmo tempo que ela oferece a possibilidade aos estudantes de seguir programas permanentes de educação ambiental, essa escola se apresenta a todos os educadores como um espaço de estudo, de debate e de experiências capazes de ajudar e de tornar mais consistente o trabalho cotidiano que eles já fazem no interior de sua escola". Por meio de suas preocupações com a ecologia, a Escola da Natureza conseguiu ampliar o conceito de cidadania, incluindo nesse conceito as gerações atuais e as gerações futuras. E mais, como concluiu Vera Lessa Catalão, "esse direito foi estendido a todos os seres vivos", superando esse fosso criado por uma cultura que separou o mundo da natureza do mundo da cultura. "De fato, a educação ambiental toma a ecologia como pretexto para trabalhar a integridade humana. O simples fato de aprender a economizar, a reciclar, a compartilhar, a complementar, a preservar, a aceitar a diferença pode representar uma revolução no corpo do sistema social. Nós somos todos professores e alunos diante da tarefa de reaprender esses valores com um sabor existencial profundo que une natureza e cultura."

Nascida na pesquisa em *educação permanente*, a ecoformação se alimenta do paradigma ecológico, interrogando-se sobre as relações entre o ser humano e o mundo. Nós dependemos dos elementos naturais – o ar, a água, a terra e o fogo (Gaston Bachelard) – mais do que estes dependem de nós, afirma Pineau. E acrescenta: no entanto, no nosso desejo de dominá-los, eles desaparecem do nosso campo de consciência. A relação que nos liga a eles é uma relação de uso.

A ecoformação pretende estabelecer um equilíbrio harmônico entre o homem/mulher e o meio ambiente. Ela se inscreve no conceito mais amplo de formação tripolar já anunciada por Rousseau (PINEAU, 1992, p. 246-7): os **outros**, as **coisas** e a **nossa natureza pessoal**. São três modelos formativos que participam do nosso desenvolvimento ao longo de toda a vida, "nossos mestres" segundo Rousseau: a heteroformação (amplamente dominante), a autoformação (em vias de desenvolvimento) e a ecoformação (ainda engatinhando). "A teoria tripolar estrutura-se com esses três pólos. Um pólo pessoal trabalhado pelo prefixo *auto*. Um pólo social onde florecem vários prefixos para nomear a alteridade: *allo*, o mais genérico; *hétero*, quando o outro tem um *status* de diferença marcada; *co*, quando a relação é paritária. Enfim, um terceiro pólo que é o mais difícil de nomear porque não fala a mesma língua que nós; ele é mesmo muito silencioso e o nosso social e o psicológico nos fazem esquecê-lo. É o pólo que nós chamamos *éco*, e que Rousseau define como 'a aquisição de nossa própria experiência sobre os objetos que nos afeta'" (idem, 1998, p. 21).

Pineau continua afirmando a respeito da "ecossensibilidade" que, embora tenha uma base natural, o seu desenvolvimento não é natural. Por isso necessitamos de uma ecoformação. Depende de experiências pessoais e de influências culturais. "A relação dominante que nos une às coisas é uma relação de uso, reflexa, mais ou menos alternada, técnica e culturalmente. As coisas existem para nós principalmente na medida em que elas nos são úteis, na medida em que nos servem. Grande parte da educação é destinada a aprender como utilizá-las, segundo as suas regras, mas também segundo as regras sociais suficientemente admitidas para ser transmitidas. As regras da sociedade industrial e de consumo tendem a sobredesenvolver essas relações de uso, a transformá-las em relação de dominação e de exploração selvagem da natureza" (idem, ibid., p. 22).

Não aprendemos a amar a Terra lendo livros sobre isso, nem livros de ecologia integral. A experiência própria é o que conta. Plantar e seguir o crescimento de uma árvore ou de uma plantinha, caminhando pelas ruas da cidade ou aventurando-se numa floresta, sentindo o cantar dos pássaros nas manhãs ensolaradas ou não, observando como o vento move as plantas, sentindo a areia quente de nossas praias, olhando para as estrelas numa noite escura. Há muitas formas de encantamento e de emoção diante das maravilhas que a natureza nos reserva. É claro, existe a poluição, a degradação ambiental para nos lembrar de que podemos destruir essa maravilha e para formar nossa consciência ecológica e nos mover à ação. Acariciar uma planta, contemplar com ternura um pôr do sol, cheirar o perfume de uma folha de pitanga, de goiaba, de laranjeira ou de um cipreste, de um eucalipto... são múltiplas formas de viver em relação permanente com esse planeta generoso e compartilhar a vida com todos os que o habitam ou o compõem. A vida tem sentido, mas ele só existe em relação. Como diz Carlos Drummond de Andrade: "Sou um homem dissolvido na natureza. Estou florescendo em todos os ipês".

Isso Drummond só poderia dizer aqui na Terra. Se estivesse em outro planeta do sistema solar, ele não diria o mesmo. Só a Terra é amigável com o ser humano. Os outros planetas são francamente hostis a ele, embora tenham sido originados na mesma poeira cósmica. Existirão outros planetas fora do sistema solar que abrigam a vida, talvez a vida inteligente? Se levarmos em conta que a matéria da qual se originou o universo é a mesma, é muito provável. Mas, por ora, só temos um que é francamente nosso amigo. Temos de aprender a amá-lo.

A Unesco patrocinou em 1997 na Tessalônica (Grécia) uma conferência internacional sobre "meio ambiente e sociedade", centrada no tema da educação. A Conferência da Tessalônica seguiu os passos das reuniões anteriores da Unesco – Tbilisi (1977), Jomtien (1990), Toronto (1992), Istambul (1993) – e a série de conferências das Nações Unidas iniciada em 1992 com a Rio-92, seguida pelas de 1994 no Cairo (população), em 1995 em Copenhague (desenvolvimento social) e Beijing (sobre a mulher) e de 1996 em Istambul (assentamentos humanos). Três anos antes, a Unesco havia lançado a iniciativa internacional sobre "educação para um futuro sustentável", reconhecendo que a educação era a "chave" do desenvolvimento sustentável e autônomo.

Reconheceu-se contudo que a educação sozinha não poderia enfrentar os fatores mais determinantes da **insustentabilidade**: o rápido crescimento da população mundial, a persistência da pobreza generalizada, a expansão da indústria em todo o mundo, o uso de modalidades de cultivos novos e mais intensivos, a negação da democracia econômica e a violação dos direitos humanos. Atualmente 25% da população do mundo consome 75% dos recursos naturais do planeta. Nenhum desses fatores pode ser tratado separadamente. O aumento da população, por exemplo, exerce uma pressão crescente sobre os ecossistemas.

A educação, concebida não como escolarização, pode e deve ter um peso na luta pela sustentabilidade econômica, política e social. Processos não formais, informais e formais já estão conscientizando muitas pessoas e intervindo positivamente, se não solucionando, despertando para o problema da degradação crescente do meio ambiente. Reformas educacionais como as de Toronto, no Canadá, já introduzem mudanças na forma de conceberem os conteúdos curriculares, buscando novos elementos para uma **alfabetização ambiental**. Elas requerem uma nova formação dos docentes e apoio técnico, pedagógico e instrumental às escolas. As pedagogias tradicionais, fundadas no princípio da competitividade, da seleção e da classificação, não dão conta da formação de um cidadão que precisa ser mais cooperativo e ativo. A educação ambiental em muitas escolas tem sido o ponto de partida dessa conscientização, embora se saiba que a educação para um futuro sustentável é mais ampla do que uma educação ambiental ou escolar. A sensibilização e a formação ético-política de setores cada vez maiores da opinião pública são essenciais para deslanchar um processo mais sólido e criar as condições sociais mais propícias que possibilitem a sustentabilidade social e econômica. A informação generalizada e a mudança de valores estão na base desse movimento. E isso pode ser feito tanto no âmbito nacional quanto no local.

A **ecopedagogia** parece nascer desse movimento muito mais do que de estudos teóricos a respeito, movimento que ocorre muito mais fora da escola do que dentro dela. "A incorporação do meio ambiente à educação formal, em grande medida, se limitou a internalizar os valores de conservação da natureza; os princípios do ambientalismo se incorporaram por uma visão das inter-relações dos sistemas ecológicos e sociais para destacar alguns problemas mais visíveis da degradação ambiental, tais como a contaminação dos recursos naturais e serviços ecológicos, o tratamento do lixo e a localização dos dejetos industriais. A pedagogia ambiental nestes casos se expressa no contato dos alunos com o seu entorno natural e social. A educação ambiental interdisciplinar, entendida como a formação de habilidades para apreender a realidade complexa, foi reduzida à intenção de incorporar uma consciência ecológica no currículo tradicional. Neste sentido, a educação ambiental formal, na educação básica, transmite uma consciência geral do ambiente, induzindo a uma mudança nas capacidades perceptivas e valorativas dos alunos" (LEFF, 1999, p. 119). A educação ambiental muitas vezes limitou-se ao ambiente externo sem se confrontar com os valores sociais, com os outros, com a solidariedade, não pondo em questão a politicidade da educação e do conhecimento. Enrique Leff reconhece, nesse ponto, a grande contribuição de Paulo Freire à educação ambiental, com sua **pedagogia ecológica popular**, inspirada na pedagogia do oprimido. Por outro lado, segundo ele, também a pedagogia freireana saiu ganhando nesse processo, pois a pedagogia do oprimido foi "ressignificada por princípios de sustentabilidade e diversidade cultural" (p. 121). Essa aproximação entre o pensamento freireano e o pensamento complexo desembocou no final dos anos 1990 no "movimento pela ecopedagogia", coordenado hoje pelo Instituto Paulo Freire.

Num livro dedicado a Chico Mendes e Paulo Freire, Enrique Leff reconhece a necessidade de uma pedagogia de educação ambiental para que ela não se reduza ao ambientalismo. Para ele, essa pedagogia surge da fusão da vertente crítica da pedagogia com o pensamento de complexidade. A noção de ambiente para ele vai muito além do que se chama de "meio ambiente": ambiente não é o mundo "de fora" nem a "pura subjetividade e inferioridade do ser" (2000, p. 48). É um objeto complexo que implica a desconstrução do pensamento disciplinário e simplificador. Por isso ele chama essa nova pedagogia de "pedagogia da complexidade ambiental" (não apenas de pedagogia ambiental). Segundo Enrique Leff (ibid., p. 47), *a pedagogia da complexidade ambiental* "reconhece que *apreender o mundo* parte do ser mesmo de cada sujeito; que é um processo dialógico que ultrapassa a pura racionalidade comunicativa construída sobre a base de um possível consenso de sentidos e verdades. Para além de uma pedagogia do meio – na qual o aluno volta-se para o seu entorno, para a sua cultura e sua história para reapropriar seu mundo a partir de suas realidades empíricas –, a pedagogia da complexidade ambiental *reconhece o conhecimento,* enxerga o mundo como potência e possibilidade, entende a realidade como construção social mobilizada por valores, interesses e utopias".

O modelo atual de globalização ameaça a **diversidade cultural** da humanidade. A esse respeito, a Conferência da Tessalônica (1997) conclui: "pode-se estabelecer um paralelo entre diversidade biológica e diversidade cultural, que podem ser consideradas aspectos do mesmo fenômeno. Assim como a natureza produz diferentes espécies que se adaptam a seu meio ambiente, a humanidade desenvolve distintas culturas que respondem às condições locais. A diversidade cultural pode, pois, ser considerada como uma forma de diversidade por adaptação e, como tal, condição prévia para a sustentabilidade. A tendência atual para a globalização ameaça a riqueza das culturas humanas e muitas culturas tradicionais já foram destruídas. O argumento a favor de se pôr um fim ao desaparecimento de espécies também é aplicável às perdas culturais e ao consequente empobrecimento do acervo coletivo dos meios de sobrevivência da humanidade" (UNESCO, 1999, p. 72).

A palavra "ecologia" foi criada em 1866 pelo biólogo alemão Ernest Haeckel (1834-1919), com a publicação do seu livro *Morfologia geral dos organismos* como um capítulo da biologia, para designar o estudo das relações existentes entre todos os sistemas vivos e não vivos entre si e com seu meio ambiente. Se levarmos em conta a palavra grega que lhe deu origem, *oikos,* "casa", a ecologia poderia ser considerada como a "ciência da casa", da nossa casa maior que é o planeta Terra. Hoje podemos distinguir quatro grandes vertentes da ecologia: a *ecologia ambiental* – que se preocupa com o meio ambiente –, a *ecologia social* – que insere o ser humano e a sociedade dentro da natureza e propugna por um desenvolvimento sustentável –, a *ecologia mental* ou profunda – que estuda o tipo de mentalidade que vigora hoje e que remonta à vida psíquica humana consciente e inconsciente, pessoal e arquetípica – e a *ecologia integral* – que parte de uma nova visão da Terra surgida quando, nos anos 1960, ela pôde ser vista de fora pelos astronautas (BOFF, 1996b). "A era planetária começa com a descoberta de que a Terra é apenas um planeta" (MORIN e KERN, 1993, p. 16).

A *ecologia natural* se referia apenas à preservação da natureza. A *ecologia social integral* se refere à qualidade de vida. Como diz Leonardo Boff (1996b, p. 15), a ecologia hoje precisa ser entendida como "relação e inter-ação de todas as coisas, entre si e com tudo o que existe, real ou potencial". A ecologia não se limita à relação com a natureza. Assim como o conceito de sustentabilidade foi-se ampliando, o mesmo se deu com o conceito de ecologia.

Como se traduz na educação o princípio da sustentabilidade? Ele se traduz por perguntas como: até que ponto há sentido no que fazemos? Até que ponto nossas ações contribuem para a qualidade de vida dos povos e para a sua felicidade? A sustentabilidade é um princípio reorientador da educação e principalmente dos currículos, objetivos e métodos.

É no contexto da evolução da própria ecologia que surge e ainda engatinha o que chamamos de ecopedagogia, inicialmente chamada de "pedagogia do desenvolvimento sustentável" e que hoje ultrapassou esse sentido. A ecopedagogia está se desenvolvendo, seja como um movimento pedagógico, seja como abordagem curricular.

1 – A ecopedagogia como **movimento pedagógico**

Como a ecologia, a ecopedagogia também pode ser entendida como um movimento social e político. Como todo movimento novo, em processo, em evolução, ela é complexa e pode tomar diferentes direções, até contraditórias. Ela pode ser entendida diferentemente, como o são as expressões "desenvolvimento sustentável" e "meio ambiente". Existe uma visão capitalista do desenvolvimento sustentável e do meio ambiente que, por ser antiecológica, deve ser considerada como uma armadilha, como vem sustentando Leonardo Boff.

Ao contrário dos termos "educação" e "saúde" – que correspondem a áreas bastante conhecidas pela população –, a expressão "meio ambiente" é quase totalmente ignorada. A população conhece o que é lixo, asfalto, barata, mas não entende a questão ambiental na sua significação mais ampla. Daí a necessidade de uma ecopedagogia, uma pedagogia para o desenvolvimento sustentável.

A ecopedagogia como movimento social e político surge no seio da sociedade civil, nas organizações tanto de educadores quanto de ecologistas e de trabalhadores e empresários, preocupados com o meio ambiente. A sociedade civil vem assumindo a sua cota de responsabilidade diante da degradação do meio ambiente, percebendo que apenas por uma *ação integrada* é que essa degradação pode ser combatida.

Os movimentos sociais e populares e as organizações não governamentais têm alertado os governos e a própria sociedade sobre os danos causados ao meio ambiente e aos seres humanos por políticas públicas antissustentáveis. Foram principalmente as ONGs que mais se empenharam, nos últimos anos, para superar os problemas causados pela degradação do meio ambiente. Da mesma forma, antecipando-se às iniciativas do Estado, as organizações não governamentais estão se movimentando mais na busca de uma *pedagogia do desenvolvimento sustentável*, entendendo que, sem uma ação pedagógica efetiva, de nada adiantarão os grandes projetos estatais de despoluição e de preservação do meio ambiente. É com esta hipótese que trabalha o Instituto Paulo Freire em seu Programa de Ecopedagogia e que inspira também o Movimento pela Ecopedagogia, criado em agosto de 1999 durante o I Encontro Internacional da *Carta da Terra na Perspectiva da Educação*.

As ONGs estão assumindo um papel cada vez mais reconhecido, não apenas na luta por causas populares, mas pelo fortalecimento da sociedade diante do Estado e mercado. Não são apenas uma moda. Elas se consolidaram como uma força extraordinária na década de 1990. Em alguns casos, certas ONGs são mais poderosas do que certos Estados. Quando se reconstitui historicamente a trajetória das organizações que hoje estão sendo denominadas ONGs (sejam ONGs populares ou ambientalistas), um primeiro aspecto comum, a ser destacado, é que se trata de grupos com alguma organização formal que atuam tendo em vista a transformação de aspectos da realidade social considerados como negativos. Desta forma, as ONGs têm se preocupado política e prioritariamente com as questões da cidadania, mais recentemente com o problema ambiental. Pode-se definir as ONGs como organizações formais, privadas, porém com fins públicos, sem fins lucrativos, autogovernadas e com participação de parte de seus membros como voluntários, objetivando realizar mediações de caráter educacional, político, assessoria técnica, prestação de serviços ou para segmentos da sociedade civil, tendo em vista expandir o poder de participação desta com o objetivo último de desencadear transformações sociais ao nível micro (do cotidiano e/ou local) ou ao nível macro (sistêmico e/ou global) (Ilse Scherer-Warren in VIOLA,1995, p. 161-3). A ecopedagogia nasceu no interior das ONGs e agora está ganhando espaço nos debates universitários e nos sistemas educacionais na medida em que vem se constituindo em resposta à demanda por uma educação não só de qualidade, mas com objetivos e conteúdos curriculares novos.

2 – A ecopedagogia como **abordagem curricular**

A ecopedagogia implica uma reorientação dos currículos para que incorporem certos princípios defendidos por ela. Esses princípios deveriam, por exemplo, orientar a concepção dos conteúdos e a elaboração dos livros didáticos. Piaget nos ensinou que os currículos devem contemplar o que é significativo para o aluno. Sabemos que isso é correto, mas incompleto. Os conteúdos curriculares têm de ser significativos para o aluno, e só serão significativos para ele se esses conteúdos forem significativos também para a saúde do planeta, para o contexto mais amplo.

Como buscar significado para o conhecimento fora de um contexto? Para compreender o que conhecemos não podemos isolar os objetos do conhecimento. É preciso, como diz Edgar Morin, "recolocá-los em seu meio ambiente para melhor conhecê-los, sabendo que todo ser vivo só pode ser conhecido na sua relação com o meio que o cerca, onde vai buscar energia e organização" (1992, p. 1-2). Ora, os currículos monoculturais oficiais primam por ensinar história, geografia, química e física dentro de "categorias isoladas, sem saber, ao mesmo tempo, que a história sempre se situa dentro de espaços geográficos e que cada paisagem geográfica é fruto de uma história terrestre; sem saber que a química e a microfísica têm o mesmo objeto, porém, em escalas diferentes" (idem, ibid.).

Sem dúvida, a ecopedagogia também deverá influenciar a estrutura e o funcionamento dos **sistemas de ensino**. É sabido que os sistemas nacionais de educação nasceram no século XIX sob o signo da pedagogia clássica, racionalista e centralizadora. A ecopedagogia propõe uma nova forma de governabilidade diante da ingovernabilidade do gigantismo dos sistemas atuais de ensino, propondo a descentralização democrática e uma racionalidade baseadas na *ação comunicativa*. Ela deverá influenciar também a formação dos novos sistemas de ensino, o "Sistema Único e Descentralizado de Educação Básica", por exemplo (GADOTTI, 2000, p. 175-8). O princípio da gestão democrática e da descentralização – portanto da *autonomia* e da *participação* – é muito caro ao movimento ecopedagógico e à própria ecologia: "A ideia central do projeto ecologista é a de que uma modificação no impacto destrutivo da atual sociedade sobre o meio ambiente só poderá ser conseguida, de uma forma profunda e duradoura, a partir de um amplo processo de descentralização da economia, do poder e do espaço social. Isso porque um dos principais motivos da destrutividade do atual modelo está no seu gigantismo e na sua tendência centralizadora, que tornam cada vez mais difícil o controle da sociedade sobre o seu funcionamento" (LAGO e PÁDUA, 1994, p. 63).

A pedagogia clássica construiu seus "parâmetros curriculares" baseada na memorização de conteúdos. A nossa tão difundida "pedagogia dos conteúdos" é filha do Iluminismo, como o demonstrou José Tamarit (1996). A ecopedagogia insiste na necessidade de reconhecermos que as formas (*vínculos, relações*) são também conteúdos. Como essa pedagogia está preocupada com a "promoção da vida", os conteúdos relacionais, as vivências, as atitudes e os valores, a "prática de pensar a prática" (Paulo Freire) adquirem expressiva relevância. Só recentemente as reformas curriculares, como a espanhola e a brasileira, reconheceram a importância de tratar não apenas dos conteúdos disciplinares, mas de temas transdisciplinares ou transversais como: ética, cidadania, diversidade cultural, meio ambiente, saúde, sexualidade, paz, não violência, trabalho e consumo.

A ecopedagogia defende ainda a valorização da *diversidade cultural*, a garantia para a manifestação ético-política e cultural das minorias étnicas, religiosas, políticas e sexuais, a democratização da informação e a redução do tempo de trabalho, para que todas as pessoas possam participar dos bens culturais da humanidade. A ecopedagogia, portanto, é também uma pedagogia da *educação multicultural*.

Finalmente, a ecopedagogia não é uma *pedagogia escolar*. Ela não se dirige apenas aos educadores, mas aos habitantes da Terra em geral. Como afirma Francisco Gutiérrez, "estamos frente a duas lógicas que de modo algum devemos confundir: a lógica escolar e a lógica educativa" (GUTIÉRREZ, 1996, p. 26). A educação para um desenvolvimento sustentável não pode ser confundida como uma educação escolar. A escola pode contribuir muito e está contribuindo – hoje as crianças escolarizadas é que levam para os adultos em casa a preocupação com o meio ambiente –, mas a ecopedagogia pretende ir além da escola: ela pretende impregnar toda a sociedade.

Colocada neste sentido, a ecopedagogia não é uma pedagogia a mais, ao lado de outras pedagogias. Ela só tem sentido como **projeto alternativo global**, em que a preocupação não está apenas na preservação da natureza (ecologia natural) ou no impacto das sociedades humanas sobre os ambientes naturais (ecologia social), mas num novo modelo de civilização sustentável do ponto de vista ecológico (ecologia integral) que implica uma mudança nas estruturas econômicas, sociais e culturais. Ela está ligada, portanto, a um *projeto utópico*: mudar as relações humanas, sociais e ambientais que temos hoje. Aqui está o sentido profundo da ecopedagogia, ou de uma *pedagogia da Terra*, como a chamamos.

Claro que a **ecopedagogia** não tem a pretensão simplista de inventar tudo de novo. Ela se insere, como movimento, na evolução do próprio movimento ecológico como doutrina e como atitude diante da vida. Da mesma forma que o movimento ecológico, ela inclui a corrente não violenta do pensamento anarquista, o movimento pacifista e humanista, o próprio marxismo libertário e pensadores que "em diversos campos da ciência e do conhecimento têm adotado perspectivas globalizantes e voltadas para a libertação social e psicológica dos homens" (LAGO e PÁDUA, 1994, p. 41). A ecopedagogia insere-se também num movimento recente de renovação educacional que inclui a vertente científica e a ética da transdisciplinaridade e do holismo.

Um exemplo concreto da ecopedagogia como movimento social está hoje no trabalho realizado por muitas organizações não governamentais para que a **Carta da Terra** a ser proclamada pelas Nações Unidas não seja apenas "proclamada", mas seja vivida pelos habitantes do planeta e construída coletivamente antes de ser proclamada. A pedagogia conteudista e burocrática se movimenta da oferta para a demanda: da proclamação iluminista para a ação sobre as pessoas. A ecopedagogia se movimenta da necessidade real, analisada, interpretada, refletida, organizada, codificada e decodificada para a ação coletiva e individual transformadora, para o vivido na cotidianidade. Primeiro se vive, se experimenta, se elabora, e depois se dá o nome e se proclama. Por que as exigências do cotidiano são importantes? Por que a demanda é importante? Por que de nada adiantaria proclamar burocraticamente direitos se eles não forem exigidos, se eles não forem sentidos e refletidos, se não forem demandados e criados de baixo para cima. Entendida dessa forma, a ecopedagogia é uma nova *pedagogia dos direitos* que associa os direitos dos humanos aos direitos da Terra.

A ecopedagogia encontra-se ainda numa fase de definição de seus princípios, mas não ficará neles. Para se firmar como pedagogia da Terra, como ecopedagogia, precisa morder realmente a realidade, com propostas e estratégias metodológicas. Nesse percurso, ela se beneficia muito do próprio movimento da educação ambiental ao qual está associada. Exemplos não faltam. Veja-se o conto de Ana Primavesi (1997) intitulado "O Grão de Trigo". Constitui-se num exemplo prático de uma educação sustentável. Ana Primavesi mostra como funcionam as plantas, o seu valor nutritivo e, ao mesmo tempo, como ocorre o empobrecimento e a decadência do solo, causados pela agricultura convencional que utiliza agrotóxicos. Da forma, ecopedagógica, podemos ensinar e aprender a língua portuguesa, a geografia, a biologia, a educação artística etc., abordando o tema por textos escritos que relatam fatos e problemas cotidianos da relação homem-natureza.

A educação ambiental foi um dos temas de maior destaque do **Fórum Global** da **Rio-92**, sendo discutida especialmente na *Jornada Internacional de Educação Ambiental*, organizada pelo Icae (Conselho Internacional de Educação de Adultos) com apoio de organizações não governamentais, como o SUM (Serviço Universitário Mundial) e a Icea (Associação Internacional de Educação Comunitária).

O resultado mais importante desse evento foi o lançamento, dia 7 de junho, do *Tratado de educação ambiental para sociedades sustentáveis e responsabilidade global*. Destacamos alguns princípios básicos desse importante documento (FÓRUM GLOBAL 92, s.d., p. 194-6):

1 – A educação ambiental deve ter como base o pensamento crítico e inovador, em qualquer tempo ou lugar, em seus modos formal, não formal e informal, promovendo a transformação e a construção da sociedade.

2 – A educação ambiental é individual e coletiva. Tem o propósito de formar cidadãos com consciência local e planetária, que respeitem a autodeterminação dos povos e a soberania das nações.

3 – A educação ambiental deve envolver uma perspectiva holística, enfocando a relação entre o ser humano, a natureza e o universo de forma interdisciplinar.

4 – A educação ambiental deve estimular a solidariedade, a igualdade e o respeito aos direitos humanos, valendo-se de estratégias democráticas e interação entre as culturas.

5 – A educação ambiental deve integrar conhecimentos, aptidões, valores, atitudes e ações. Deve converter cada oportunidade em experiências educativas das sociedades sustentáveis.

6 – A educação ambiental deve ajudar a desenvolver uma consciência ética sobre todas as formas de vida com as quais compartilhamos este planeta, respeitar seus ciclos vitais e impor limites à exploração dessas formas de vida pelos seres humanos.

A **educação ambiental** vai muito além do conservacionismo. Trata-se de uma mudança radical de mentalidade em relação à qualidade de vida, que está diretamente ligada ao tipo de convivência que mantemos com a natureza e que implica atitudes, valores, ações. Trata-se de uma opção de vida por uma relação saudável e equilibrada, com o contexto, com os outros, com o ambiente mais próximo, a começar pelo ambiente de trabalho e doméstico.

O Fórum Global 92 encaminhou à Conferência da Unced 32 tratados com numerosas propostas. Pediam, sobretudo, a participação das ONGs, com direito a voz e voto, na tomada de decisões governamentais que afetam o ambiente. O Terceiro Setor dava uma demonstração de força que continuou crescendo durante toda a década e poderá tornar-se um fator novo de equilíbrio político-econômico entre Estado e mercado.

A **abordagem comunitária** também foi amplamente ressaltada pelas ONGs e, em particular, no que se refere ao papel da educação. Insistiu-se nas possibilidades abertas pelo trabalho comunitário em favor do desenvolvimento sustentável, em favor da proteção ambiental e da construção de uma comunidade saudável. A educação continua sendo a chave para esta nova forma de desenvolvimento.

A **ecopedagogia** não se opõe à **educação ambiental**. Ao contrário, para a ecopedagogia a educação ambiental é um pressuposto. A ecopedagogia incorpora-a e oferece estratégias, propostas e meios para a sua realização concreta. Foi justamente durante a realização do Fórum Global 92, no qual se discutiu muito a educação ambiental, que se percebeu a importância de uma pedagogia do desenvolvimento sustentável ou de uma *ecopedagogia*. Hoje, porém, a ecopedagogia tornou-se um movimento e uma perspectiva da educação maior do que uma pedagogia do desenvolvimento sustentável. Ela está mais para a **educação sustentável**, para uma **ecoeducação**, que é mais ampla do que a educação ambiental. A educação sustentável não se preocupa apenas com uma relação saudável com o meio ambiente, mas com o *sentido* mais profundo do que fazemos com a nossa existência, a partir da vida cotidiana.

A educação ambiental teve um desenvolvimento extraordinário nos últimos anos e foi definitivamente incorporada ao currículo escolar. Pode-se dizer que, diante da educação ambiental, a ecopedagogia está hoje apenas engatinhando. Ela está ainda numa fase conceptual enquanto a educação ambiental já desenvolveu metodologias apropriadas ao ensino tanto no Brasil (GEVERTZ, 1995; CARVALHO, 1998) quanto no exterior (DE ALBA, 1993). Oriunda do movimento ecológico, a ecopedagogia ainda se encontra numa fase muito ambientalista. Contudo, mesmo nascendo da ecologia, a ecopedagogia deverá percorrer um caminho próprio, não ficando restrita ao movimento ambiental.

A pedagogia tradicional, centrada sobretudo na escola e no professor, não consegue dar conta de uma realidade dominada pela globalização das comunicações, da cultura e da própria educação. Novos meios e uma nova linguagem precisam ser criados. Mas não só: é necessário fundamentar esses meios e essa linguagem numa **ética** e numa **estética**. O uso intensivo da comunicação audiovisual, da educação a distância e das redes se impõe e exige uma nova *mediação pedagógica*.

Para se firmar como uma pedagogia que responda a uma questão tão complexa quanto a do desenvolvimento sustentável, a ecopedagogia precisa trilhar ainda um longo caminho. E precisa não só do debate acadêmico e da construção teórica. Precisa, sobretudo, ser experimentada na prática. É o que está sendo feito com o movimento em torno da *Carta da Terra na Perspectiva da Educação*, um movimento organizado pelo Instituto Paulo Freire (IPF), com o apoio da Unesco e do Conselho da Terra. O IPF, como membro da Coordenação Nacional da Carta da Terra, por meio de acordo de cooperação com o Conselho da Terra, foi incumbido de realizar uma consulta mundial para sistematizar as contribuições à redação da *Carta da Terra na Perspectiva da Educação*.

Para este fim, nos dias 23 a 26 de agosto de 1999, o Instituto Paulo Freire realizou em São Paulo o I Encontro Internacional da *Carta da Terra na Perspectiva da Educação*. Com a participação de 17 países e 13 estados brasileiros, representados pelos seus educadores e também pelos pesquisadores, especialistas, profissionais e estudantes das diversas ciências e atividades humanas, o evento promoveu reflexões e troca de experiências sobre os temas ética, cultura da sustentabilidade e prática da não violência. Um dos resultados dos trabalhos foi a criação do *Movimento pela Ecopedagogia*, ficando o IPF responsável pela organização e pelo encaminhamento das atividades relacionadas ao tema. Na Assembleia Geral de Encerramento, os participantes elaboraram três documentos: Contribuição dos Educadores à Carta da Terra, a Agenda de Compromissos 1999-2020 e o Movimento pela Ecopedagogia. As atividades do IPF se efetuam no sentido de facilitar a troca de informações, promover debates, realizar intercâmbio, produzir trabalhos teóricos e pesquisas e acompanhar e desenvolver projetos de gestão do espaço com base na ecopedagogia.

Ao lado da questão de gênero, uma das questões mais discutidas foi a da não violência, de uma **cultura de paz**. O Projeto da Carta da Terra do Instituto contempla expressamente a ética, a cultura da sustentabilidade e da não violência, com seus objetivos primordiais. Nesse sentido o Instituto vem apoiando os esforços da Unesco na sua campanha "2000 – Ano Internacional por uma Cultura de Paz", entendendo também, como diz frequentemente seu diretor-geral, Frederico Mayor, que "não pode haver paz sustentável sem desenvolvimento sustentável".

A cultura de paz está relacionada também com a preservação do planeta. O *Manifesto 2000* da Unesco, esboçado por um grupo de laureados no Prêmio Nobel da Paz, chama ao compromisso individual pela paz no sentido de: a) respeitar todas as vidas; b) rejeitar a violência; c) compartilhar com os outros; d) ouvir para entender; e) preservar o planeta; f) redescobrir a solidariedade. São valores que inspiram não só uma cultura de paz mas também a ecopedagogia.

Leitura

PRINCÍPIOS DA ALFABETIZAÇÃO ECOLÓGICA
Princípios ecológicos – Princípios educacionais

Fritjof Capra. O que é alfabetização ecológica. In: Elmwood Institute: Princípios da alfabetização ecológica. São Paulo, Rede mulher de educação, 1993.

Os princípios ecológicos extraídos dos ecossistemas são aplicados nas comunidades de aprendizagem sob a forma de princípios educacionais. A lista a seguir apresenta alguns exemplos.

1 – Interdependência. Todos os membros de um ecossistema estão interligados numa teia de relações em que todos os processos vitais dependem uns dos outros. O sucesso do sistema como um todo depende do sucesso de seus indivíduos, enquanto o sucesso de cada membro depende do sucesso do sistema como um todo. – Numa comunidade de aprendizagem, instrutores(as), animadores(as), aprendizes, administradores, empresários e membros da comunidade estão interligados em uma rede de relações, trabalhando juntos para promover o aprendizado.

2 – Sustentabilidade. A sobrevivência no longo prazo de cada espécie depende de uma base de recursos limitada. – A adoção deste princípio em uma comunidade de aprendizagem significa que os instrutores têm noção do impacto que causam sobre os participantes no longo prazo.

3 – Ciclos ecológicos. A interdependência entre os membros de um ecossistema envolve trocas de matéria e energia em ciclos contínuos. Estes ciclos ecológicos agem como circuitos de regeneração. – Não existe o ensino de uma só via, mas um intercâmbio cíclico de informação. O foco é no aprendizado e cada um é, ao mesmo tempo, aluno e professor.

4 – Fluxo de energia. A energia solar, transformada em energia química pela fotossíntese das plantas, comanda os ciclos ecológicos. – Comunidades de aprendizagem são espaços abertos onde as pessoas estão sempre entrando e saindo, buscando seus lugares dentro do sistema.

5 – Associação. Todos os membros vivos de um ecossistema participam de uma interação sutil, através de competição e cooperação, que envolve inúmeras formas de associação. – Todos os membros de uma comunidade de aprendizagem cooperam e trabalham em associação, o que significa democracia e fortalecimento de cada um, pois cada parte tem um papel fundamental.

6 – Flexibilidade. Ao agirem como circuitos de regeneração, os ciclos ecológicos apresentam uma tendência à flexibilidade, caracterizada pelas flutuações de suas variáveis. – Nas comunidades de aprendizagem as programações diárias são flexíveis; a cada momento acontece uma mudança, com o ambiente de aprendizagem sendo sempre recriado.

7 – Diversidade. A estabilidade de um ecossistema depende muito do grau de complexidade ou da diversidade de sua rede de relações. – Experiências que encorajem os(as) aprendizes a utilizar diversas maneiras e estratégias de aprendizado são essenciais nas comunidades de aprendizagem. Estilos diferentes de aprendizado, produto da diversidade cultural, são bem-vindos pela riqueza que trazem para a experiência de aprendizagem coletiva.

8 – Coevolução. A maioria das espécies de um ecossistema coevolui através da interação entre criação e adaptação mútua. A inovação é propriedade fundamental da vida, e se manifesta nos processos de desenvolvimento e aprendizagem. – À medida que empresas e organizações comunitárias passam a trabalhar em associação com as escolas, cada um compreende melhor as necessidades do outros e, portanto, "coevoluem".

Questões para reflexão e aprofundamento dos temas

1 – O que significa "interconectar-se"? Quando você se sente interconectado com o planeta?

2 – *Para você, os atos cotidianos são atos banais ou possuem um sentido universal? O que aprendemos na escola faz sentido no contexto de sua vida cotidiana? É na vida cotidiana que a pedagogia ganha sentido? Como a escola e a comunidade podem promover a aprendizagem para que o cotidiano de cada um seja transformado?*

3 – *Quais são os temas mais frequentes e importantes em sua vida, na escola, na comunidade e em seu país? Qual a relação que eles guardam com o restante do planeta?*

4 – *Imagine sua escola com esses valores principais: facilitar, acompanhar, possibilitar, recuperar, dar lugar, compartilhar, inquietar, problematizar, relacionar, reconhecer, envolver, comunicar, expressar, comprometer, entusiasmar, apaixonar e amar. Como seriam as atitudes, as ações e os ideais dos alunos e dos professores?*

5 – *O que significa ética? Se ética é a arte de conviver, quais características humanas deveríamos desenvolver para atingir uma existência baseada em uma ética planetária?*

6 – *A escola pode nos ensinar a amar o mundo, as pessoas, os bichos, as árvores, a água e a vida? Comente.*

7 – *Quais são os movimentos sociais, populares e as ONGs que atuam em sua comunidade? Você alguma vez colaborou com as atividades desenvolvidas?*

8 – *Se nós pensamos a educação como algo que acontece continuamente, quem nos educa e quem educamos?*

9 – *O que a escola poderia fazer para compartilhar das ações desenvolvidas pela comunidade e pelos integrantes dos movimentos e das ONGs? E a comunidade, pode contribuir para o ensino praticado na escola? Comente.*

10 – *Você concorda que o que se ensina na escola deve ter significado tanto para o aluno quanto para o planeta? Explique. Com o que você aprende na escola, é possível contribuir para que as condições de vida no planeta melhorem? Onde ocorre a sintonia entre o ensino da sala de aula e o mundo real?*

Capítulo 4
CONSCIÊNCIA PLANETÁRIA

A consciência ecológica levanta-nos um problema duma profundidade e duma vastidão extraordinárias. Temos de defrontar ao mesmo tempo o problema da Vida no planeta Terra, o problema da sociedade moderna e o problema do destino do Homem.

Isto nos obriga a repor em questão a própria orientação da civilização ocidental.

Na aurora do terceiro milênio, é preciso compreender que revolucionar, desenvolver, inventar, sobreviver, viver, morrer, anda tudo inseparavelmente ligado.

Edgar Morin, in LAGO e PÁDUA, 1994, p. 6.

Foi a Conferência das Nações Unidas sobre o Meio Ambiente Humano (Estocolmo, julho de 1972) que introduziu, pela primeira vez na agenda internacional, a preocupação com o crescimento econômico em detrimento do meio ambiente. Pela primeira vez, percebeu-se que o modelo tradicional de crescimento econômico levaria ao esgotamento completo dos recursos naturais, pondo em risco a vida no planeta. Neste ano foi publicado o famoso estudo do Clube de Roma, *Limites do crescimento* (MEADOWS, 1972). O principal resultado desta conferência foi a *Declaração sobre o Ambiente Humano*, conhecida como a *Declaração de Estocolmo*, sustentando que "tanto as gerações presentes como as futuras tenham reconhecidas, como direito fundamental, a vida num ambiente sadio e não degradado". A Conferência de Estocolmo é considerada um divisor de águas no despertar da consciência ecológica. Todavia, é preciso reconhecer que "nem a publicação do Clube de Roma, nem a Conferência de Estocolmo caíram do céu. Elas foram a consequência de debates sobre os riscos da degradação do meio ambiente que, de forma esparsa, começaram nos anos 1960 e ganharam no final dessa década e no início dos anos 1970 certa densidade, que possibilitou a primeira grande discussão internacional culminando na Conferência de Estocolmo em 1972" (Franz Josef Brüseke in CAVALCANTI, 1998, p. 29).

Em 1980, o PNUMA (Programa das Nações Unidas para o Meio Ambiente) publica um documento intitulado *Uma estratégia mundial para a conservação,* reafirmando a visão crítica do modelo de desenvolvimento adotado pelos países industrializados.

O **Relatório Brundtland**, elaborado pela Comissão Mundial sobre Meio Ambiente e Desenvolvimento Sustentável das Nações Unidas (presidida pela primeira-ministra da Noruega, Gro Harlem Brundtland) e publicado em 1987 com o título *Nosso futuro comum*, apontou para a incompatibilidade entre o desenvolvimento sustentável e os padrões de produção e de consumo vigentes. Nesse documento define-se o **desenvolvimento sustentável** como aquele que "satisfaz as necessidades presentes, sem comprometer a capacidade das gerações futuras de suprir suas próprias necessidades" (BRUNDTLAND, 1988).

Pela importância que teve, devemos lembrar sobretudo da **Conferência das Nações Unidas sobre o Meio Ambiente e Desenvolvimento** (Cnumad/Unced), que foi realizada na cidade do Rio de Janeiro (Brasil), de 3 a 14 de junho de 1992. A única vez em que os países haviam se reunido para discutir a sobrevivência do planeta tinha sido em 1972, em Estocolmo (Suécia).

Além da conferência oficial patrocinada pela ONU, ocorreu, paralelamente, o **Fórum Global 92**, promovido pelas entidades da sociedade civil. Participaram do Fórum mais de 10 mil representantes de organizações não governamentais (ONGs) das mais variadas áreas de atuação de todo o mundo. Ele se constituiu num conjunto de eventos, englobando, entre outros, os encontros de mulheres, crianças, jovens e índios. Neste Fórum foi aprovada uma *Declaração do Rio*, também chamada de *Carta da Terra*, conclamando a todos os participantes para que adotassem o seu espírito e os seus princípios, em plano individual e social e pelas ações concretas das ONGs signatárias. As ONGs se comprometeram ainda a iniciar uma campanha associada chamada "Nós somos a Terra", pela adoção da *Carta*.

Essa declaração foi aprovada pelo Fórum Internacional de Organizações Não-Governamentais no âmbito do Fórum Global, representando mais de 1.300 entidades com atuação em 108 países. Ela encarna o chamado "espírito do Rio" que está estampado no **preâmbulo da Carta**:

> *"Nós somos a Terra, os povos, as plantas e animais, gotas e oceanos, a respiração da floresta e o fluxo do mar. Nós honramos a Terra, como o lar de todos os seres viventes. Nós estimamos a Terra, pela sua beleza e diversidade de vida. Nós louvamos a Terra, pela sua capacidade de regeneração, sendo a base de toda a vida. Nós reconhecemos a especial posição dos povos indígenas da Terra, seus territórios e seus costumes, e sua singular afinidade com a Terra. Nós reconhecemos que o sofrimento humano, pobreza e degradação da Terra são causados pela desigualdade do poder. Nós aderimos a uma responsabilidade compartilhada de proteger e restaurar a Terra para permitir o uso sábio e equitativo dos recursos naturais, assim como realizar o equilíbrio ecológico e novos valores sociais, econômicos e espirituais. Em nossa inteira diversidade somos unidade. Nosso lar comum está crescentemente ameaçado. Assim sendo, levando em consideração sobretudo as necessidades especiais das mulheres, povos indígenas, do Sul, dos diferentes capacitados e de todos aqueles que se encontram em situação de desfavorecimento, nos comprometemos a..."* [seguem 10 compromissos].

Os participantes do Fórum comprometeram-se a adotar o espírito e os princípios da *Carta da Terra* e empenhar-se para que ela fosse adotada pelas Nações Unidas e traduzida em todas as línguas do planeta.

A *Carta da Terra*, concebida como um código de ética global por um desenvolvimento sustentável e apontando para uma mudança em nossas atitudes, valores e estilos de vida, envolve **três princípios interdependentes**: os valores que regem a vida dos indivíduos; a comunidade de interesses entre Estados; e a definição dos princípios de um desenvolvimento sustentável. Uma ética global para uma sociedade global: esse é o objetivo final da *Carta da Terra*. Embora possamos distinguir sociedade global de comunidade global, nos documentos produzidos para a minuta da *Carta da Terra*, eles são usados indistintamente. Todavia, costuma-se falar mais em "comunidade" quando se quer realçar o mutualismo, os laços de reciprocidade, como em comunidade religiosa, local, étnica... e mais em "sociedade" quando se quer realçar a equivalência e a organização, como em sociedade civil planetária. A comunidade mundial seria uma espécie de princípio, de fundamento da sociedade planetária. A Terra pode ser vista como uma única comunidade organizada em uma sociedade global, com "espírito comunitário". Uma sociedade global supõe uma mudança de atitudes e de valores de cada indivíduo.

Muitos não se associaram ao movimento pela *Carta da Terra* porque entendem que ela não coloca em questão a **ideologia do progresso**. Não aceitam discutir historicamente o conceito de desenvolvimento, entendendo-o sempre como mito inviável do capitalismo, não podendo ser estendido para todos. Ele sempre será injusto. Entendem que a elevação dos níveis de bem-estar não pode ser global: sempre uns pagarão pelos outros. E não havendo como eliminar a miséria, o melhor é adotar uma política de "renúncia", de "austeridade". A solução seria a contração e não o crescimento. O futuro seria outro: uma outra civilização, baseada em outros princípios. Não podemos continuar crescendo. É assim que entendem a proposta de "novos padrões de produção e consumo", que significa renunciar à utopia de uma sociedade de iguais, com direitos iguais de usufruir o que a humanidade acumulou de bem-estar. Não porque isso não fosse desejável, mas porque isso se revela impossível. A tese da renúncia pode parecer atraente e, sobretudo, generosa, mas não deixa de ser perigosa: a generosidade de uns pode se transformar na ganância de outros.

Os que se alinham nesta posição amparam-se numa filosofia que sustenta que todo sofrimento vem de nossos desejos e necessidades e que, diminuindo nossas necessidades, podemos ser mais felizes. Certamente, não é uma filosofia destituída de ideal, destituída de racionalidade. O que podemos questionar é até que ponto não podemos lutar pela justiça, mesmo nos mantendo austeros, buscando um modelo de desenvolvimento que satisfaça as necessidades de todos. Questionar a noção de "necessidade" é talvez tão importante quanto questionar a noção de "desenvolvimento". É a lição que os defensores de uma **economia da renúncia** nos estão dando, defendendo uma vida ascética e espiritual. É uma grande contribuição à *Carta da Terra*. Eles nos chamam a atenção para o essencial: a felicidade humana, portanto para uma transformação muito maior do que a do modelo econômico, a transformação de corações e mentes, à qual todos nós almejamos.

Uma **civilização da simplicidade** implica uma profunda reeducação dos nossos hábitos, principalmente dos nossos hábitos de consumo. Não há como construir uma sociedade de iguais sem ela. Não se pode construir uma economia solidária baseada na extensão a todos de um modo de vida insustentável. A nova economia precisa ser orientada por uma visão mais ampla da vida. Não se trata de construir uma economia da renúncia. Não se trata de ser contra o consumo. Trata-se de consumir equilibradamente, em função do melhor bem-estar do ser humano, dos outros seres e do planeta como um todo. A sabedoria e a simplicidade caminham juntas.

A *Carta da Terra* constituiu-se numa declaração de princípios globais para orientar a questão do meio ambiente e do desenvolvimento. Ela inclui os princípios básicos que deverão reger o comportamento da economia e do meio ambiente, por parte dos povos e nações, para assegurar "nosso futuro comum". Ela pretende ter a mesma importância que teve a *Declaração dos Direitos Humanos*, assinada pelas Nações Unidas em 1948. Contém 27 princípios com o objetivo de estabelecer uma nova e justa parceria global por meio da criação de novos níveis de cooperação entre os Estados, setores importantes da sociedade e o povo. Para conseguir o desenvolvimento sustentável e melhor qualidade de vida para todos os povos, a *Carta da Terra* propõe que os Estados reduzam e eliminem padrões insustentáveis de produção e consumo e promovam políticas demográficas adequadas.

A Conferência das Nações Unidas foi também chamada de "Cúpula da Terra", pois representou o maior encontro internacional de cúpula de todos os tempos, com a participação de 175 países e 102 chefes de estado e de governo. Ela ficou conhecida como **Eco-92** ou, simplesmente, **Rio-92**.

Entre os muitos temas tratados na Rio-92, destacam-se: arsenal nuclear, desarmamento, guerra, desertificação, desmatamento, crianças, poluição, chuva ácida, crescimento populacional, povos indígenas, mulheres, fome, drogas, refugiados, concentração da produção e da tecnologia, tortura, desaparecidos, discriminação e racismo.

Foi nessa época que apareceu o conceito de "tecnologia dura", como uma tecnologia não sustentável. Segundo Robin Clarke (In: LAGO, 1984, p. 65), a tecnologia dura se caracteriza por:

1 – Grande gasto de energia e recursos não renováveis.

2 – Alto índice de poluição.

3 – Uso intensivo de capital e não de mão de obra.

4 – Alta especialização e divisão do trabalho.

5 – Centralização e gigantismo.

6 – Gestão autoritária da produção.

7 – Limites e inovações técnicas ditadas pelo lucro e não por necessidades sociais.

8 – Conhecimento técnico restrito aos especialistas.

9 – Prioridade para o grande comércio e não para o mercado local.

10 – Prioridade para a grande cidade.

11 – Produção em massa.

12 – Impacto destrutivo na natureza.

13 – Trabalho alienado do prazer.

14 – Numerosos acidentes.

15 – Tendência ao desemprego.

16 – Despreocupação com fatores éticos e morais.

Como é difícil separar hoje ciência e tecnologia, *mutatis mutandi*, essas são também características de uma ciência "dura", uma "ciência sem consciência" (Morin).

Cumprindo o seu objetivo de propor um modelo de desenvolvimento comprometido acima de tudo com a preservação da vida no planeta, a Unced produziu importantes documentos. O maior e mais importante deles foi a *Agenda 21*. Trata-se de um volume composto de 40 capítulos com mais de 800 páginas, um detalhado programa de ação em matéria de meio ambiente e desenvolvimento. Nele constam tratados em muitas áreas que afetam a relação entre o meio ambiente e a economia, como atmosfera, energia, desertos, oceanos, água doce, tecnologia, comércio internacional, pobreza e população. O documento está dividido em quatro seções: a) *dimensões sociais e econômicas* (trata das políticas internacionais que podem ajudar na viabilização do desenvolvimento sustentável, das estratégias de combate à pobreza e à miséria e da necessidade de introduzir mudanças nos padrões de produção e de consumo); b) *conservação e gestão dos recursos para o desenvolvimento* (trata do manejo dos recursos naturais e dos resíduos e substâncias tóxicas); c) *fortalecimento do papel dos principais grupos sociais* (indica as ações necessárias para promover a participação, principalmente das ONGs); d) *meios de implementação* (tratando dos mecanismos financeiros e dos instrumentos jurídicos para a implementação de projetos e programas com vistas ao desenvolvimento sustentável).

As 175 nações presentes aprovaram e assinaram a *Agenda 21*, comprometendo-se a respeitar os seus termos. Ela representa a base para a despoluição do planeta e a construção de um modelo de desenvolvimento sustentável, isto é, que não agrida o ambiente e não esgote os recursos disponíveis. A *Agenda 21* não é uma agenda ambiental. É uma agenda para o desenvolvimento sustentável, cujo objetivo final é a promoção de um novo modelo de desenvolvimento.

A *Agenda 21* não é um documento normativo, pois não obriga as nações signatárias, mas é um documento ético que se reduz a um compromisso por parte deles. Não é um documento técnico, mas político. Cinquenta por cento dos países signatários já elaboraram planos estratégicos de implantação da *Agenda 21*, muito mais forçados por exigência da sociedade civil. Ela tem se constituído muito mais numa agenda da sociedade do que dos Estados. As conferências mundiais têm proporcionado grande mobilização, sobretudo da mídia. A participação ativa da sociedade civil nessas conferências, principalmente por meio das ONGs, nas conferências mundiais, tem contribuído para pressionar as Nações Unidas e os Estados a assumirem as agendas da sociedade.

A *Agenda 21* transformou-se em instrumento de referência e mobilização para a mudança do modelo de desenvolvimento em direção de sociedades cada vez mais sustentáveis. Ela tem por *objetivos* (cap. 4, itens 4 e 7):

1º – promover padrões de consumo e produção que reduzam as pressões ambientais e atendam às necessidades básicas da humanidade;

2º – desenvolver uma melhor compreensão do papel do consumo e da forma de se implementar padrões de consumo mais sustentáveis.

Esses objetivos visam a alcançar o desenvolvimento sustentável como aquele que satisfaz as necessidades do presente com equidade, sem comprometer a capacidade das gerações futuras para satisfazer as suas (equilíbrio dinâmico). Precisamos "devolver às futuras gerações o planeta Terra melhor do que o recebemos. Se o conseguirmos, isso nos dará autoridade para desfrutar responsavelmente suas belezas", foi a inscrição que encontrei num saco de papel reciclado num supermercado da Costa Rica.

A essência fundamental da *Agenda 21* é que esse documento foi negociado previamente e pactuado entre as nações, mudando a forma como o tema era tratado até então. Transformou-se num **documento estratégico abrangente** – em nível planetário, nacional e local – com o fim de promover um novo padrão de desenvolvimento que pode conciliar a proteção ambiental com a justiça social e a eficiência econômica. Como afirmou o ministro do Meio Ambiente, Gustavo Krause, "tendo em vista esses conceitos, a problemática do meio ambiente altera uma antiga visão de geopolítica. Nenhuma nação é periférica; impõe-se a necessidade de colaboração entre o norte e o sul porque existe uma complementaridade dos problemas e caminhos para as soluções entre países do Primeiro e do Terceiro Mundo. As ameaças da atual crise econômica e ambiental estão plantadas no modelo de desenvolvimento ainda hoje aceito, caracterizado por uma economia de opulência e desperdício no norte, e de pobreza, desigualdade e necessidades prementes de sobrevivência a curto prazo no sul" (AGENDA 21 – o caso do Brasil, p. 10).

Na prática, a forma como vem sendo trabalhada a *Agenda 21* desvaloriza fundamentalmente toda a educação e a educação ambiental em particular. Por isso, entende-se perfeitamente por que a *Agenda 21* vem ignorando os princípios da *Carta da Terra*. Para os países mais ricos do norte, a *Agenda 21* representou uma oportunidade para repassar mais tecnologia (agora "tecnologia limpa") para os países pobres do sul. A *Agenda 21* evitou o "polêmico" tema da formação da consciência para se transformar em objeto de barganha comercial; desvalorizou o processo educativo e reduziu a educação ambiental à incorporação nos currículos da preocupação com o meio ambiente, evitando tocar no tema do modelo econômico e das relações norte-sul. Ao contrário, como sustenta Enrique Lef, a educação ambiental tem "um sentido estratégico na condução do processo de transição para uma sociedade sustentável. Trata-se de um processo histórico que reclama o compromisso do Estado e da cidadania para elaborar projetos nacionais, regionais e locais, nos quais a educação ambiental se defina através de um critério de sustentabilidade que corresponda ao potencial ecológico e aos valores culturais de cada região; de uma educação ambiental que gere uma consciência e capacidades próprias para que as populações possam se apropriar de seu ambiente como uma fonte de riqueza econômica, de gozo estético e de novos sentidos civilizatórios; de um novo mundo no qual todos os indivíduos, as comunidades e as nações vivam irmanados em laços de solidariedade e harmonia com a natureza" (1999, p. 128). É o que a ecopedagogia abraçou como causa, a partir da crítica da educação ambiental.

Alguns educadores diziam nos anos 1980 que educação ambiental era perfumaria. Estavam equivocados. Nos anos 1990 ela ganhou grande impulso. Mesmo assim, muitos acham hoje que a educação ambiental, "despolitizada" como foi por alguns movimentos espiritualistas, está ainda hoje muito "zen". Em parte é verdade. Mas não foi só a educação ambiental que foi "despolitizada". Foi também a *Agenda 21*. Uma das causas do fracasso da *Agenda 21* está justamente no fato de que seus princípios são absolutamente "sustentáveis" por qualquer pessoa de boa vontade, são "autossustentáveis", qualquer um assina embaixo. São muito genéricos e evitam a questão política e econômica. Como diz o jornalista Washington Novais (In: *O Estado de S. Paulo*, p. 2, 7 jan. 2000), especialista em meio ambiente, a *Agenda 21* não explicitou "os conflitos a serem pactuados entre governos, empresariado e a sociedade [...] o resultado, quase invariavelmente, tem sido a inação. Tudo continua como dantes, apesar das boas intenções [...] A sustentabilidade será produto da sociedade toda ou não acontecerá. Ela terá de começar decidindo como o país se situará no processo da globalização, na chamada era do conhecimento. Que ciência e tecnologia pretende viabilizar como condição para essa inserção. Que estratégias de governabilidade adotará".

A **Rio+5**, um novo fórum de organizações governamentais e não governamentais, reunido no Rio de Janeiro em março 1997, avaliou os resultados práticos obtidos com os tratados assinados em 1992. Muitas das organizações e redes da sociedade civil e econômica participaram deste evento com o objetivo de revisar os progressos específicos em direção ao desenvolvimento sustentável e de identificar práticas, valores, metodologias e novas oportunidades para implementá-lo.

Os participantes concluíram que os resultados obtidos com a *Agenda 21*, cinco anos depois (1992), eram ainda muito pequenos e que seria necessário passar para ações mais práticas, para além das grandes proclamações de princípios. Foi aprovada uma nova redação da *Carta da Terra*. Na avaliação de Leonardo Bof, "se a Rio-92 não trouxe grandes encaminhamentos políticos objetivos, serviu para despertar uma cultura ecológica, uma preocupação universal com o destino comum do planeta [...] Temos uma nova percepção da Terra como imensa comunidade da qual somos parte e parcela, membros responsáveis para que todos possam viver em harmonia". Num outro texto, Leonardo Boff não é tão otimista e não poupa críticas às Nações Unidas, que possuem tantos projetos que tratam de problemas globais, mas são tão ineficientes. A ONU é "regida pelo velho paradigma das nações imperialistas que veem os Estados-nações e os blocos de poder mas não descobriram ainda a Terra como objeto de cuidado, de uma política coletiva de salvação terrenal" (BOFF, 1999, p. 134).

Na Rio+5, a participação da sociedade civil não foi tão intensa quanto em 1992. Contudo, ficou patente a necessidade de ampliar a articulação Estado e sociedade civil, principalmente no âmbito da *Agenda 21 Local*, o das municipalidades. A **Agenda 21 Local** foi definida como "um processo participativo, multissetorial, para alcançar os objetivos da *Agenda 21* no nível local, através da preparação e implementação de um plano de ação estratégico, de longo prazo, dirigido às questões prioritárias para o desenvolvimento sustentável local". O Ministério do Meio Ambiente mostrou um conjunto de 183 experiências locais, evidenciando o crescente despertar da consciência ecológica no Brasil. "Os problemas ambientais globais não podem ser resolvidos por programas globais porque nós não vivemos 'globalmente' e ninguém investe recursos para alcançar objetivos globais que não estão diretamente ligados às necessidades locais nem tornam a vida das pessoas mais sustentável" (KRANZ, 1995, p. 7). A degradação do meio ambiente dá-se principalmente na cotidianidade, fruto de hábitos e costumes adquiridos por uma tradição ocidental baseada no lema evangélico "ide e dominai os povos", não importando se para isso fosse necessário exterminar nações inteiras de indígenas ou escravizar escravos e destruir o meio ambiente; nem que para isso seja necessário endividar criminosamente os países do sul em benefício dos países do norte; nem que para isso seja preciso enviar o lixo radiativo do norte para ser depositado nos países pobres do sul.

As **organizações não governamentais** são cada vez mais reconhecidas como vitais para o projeto, execução e obtenção de bons resultados do desenvolvimento sustentável. A promoção de um desenvolvimento durável necessitará de novas ferramentas para a análise e a resolução de problemas para os quais as ONGs vêm acumulando experiência e reflexão. Elas se multiplicaram em todo o mundo e mostraram sua força política e econômica na Rio-92 e continuam demonstrando grande vitalidade. Foram consideradas como "os olhos da população" na Conferência da ONU e, depois, como interlocutoras obrigatórias entre os governos dos países pobres e as instituições financiadoras dos países ricos. Na Conferência do Rio de Janeiro o alerta sobre os gastos da competitividade sobre o sistema ecológico "não veio do lado governamental, e quando os governos participaram, não conseguiram sequer respeitar os programas mínimos mais urgentes, como a possibilidade de fazer aceder água potável a milhões de pessoas que hoje não têm acesso" (PETRELLA, 1995, p. 11).

Uma média de 25 mil pessoas esteve presente diariamente para participar dos cerca de 350 eventos promovidos pelo **Fórum Global 92**. Participaram, durante 15 dias, cerca de 3 mil entidades, ambientalistas ou não, de diferentes países, das mais variadas partes do planeta.

Baseada em princípios e valores fundamentais, que nortearão pessoas e Estados no que se refere ao desenvolvimento sustentável, a *Carta da Terra* servirá como um código ético planetário. Uma vez aprovada pelas Nações Unidas por volta de 2002, a *Carta da Terra* será o equivalente à *Declaração Universal dos Direitos Humanos* no que concerne à sustentabilidade, à equidade e à justiça.

O projeto da *Carta da Terra* inspira-se em uma variedade de fontes, incluindo a ecologia e outras ciências contemporâneas, as tradições religiosas e as filosóficas do mundo, a literatura sobre ética global, o meio ambiente e o desenvolvimento, a experiência prática dos povos que vivem de maneira sustentada, além das declarações e dos tratados intergovernamentais e não governamentais relevantes. Moema Viezzer, presidente de uma das entidades não governamentais mais atuantes na área de educação ambiental, a *Rede Mulher de Educação,* e também integrante da rede global *Aliança por um Mundo Solidário e Responsável,* afirma que "a elaboração da *Carta da Terra* vem sendo divulgada como um evento planetário tridimensional: um texto em preparação, um processo de aprendizagem, um movimento ético. Neste sentido, mais do que um produto elaborado para ser entregue às Nações Unidas, pretende-se que o mesmo represente um processo de aprendizagem nos níveis local, nacional, regional, internacional, conectado com uma visão de futuro representativa da busca de muitas mulheres e homens que a nível pessoal e institucional estão comprometidos em tecer novas relações entre os seres humanos e da Humanidade com o planeta Terra" (IPF, 1999, p. 39).

A *Carta da Terra* deverá constituir-se em um documento vivo, apropriado pela sociedade planetária, e revisto periodicamente em amplas consultas globais.

Entre os **valores** que se afirmam na minuta de referência encontramos:

1 – Respeito à Terra e à sua existência.

2 – A proteção e a restauração da diversidade, da integridade e da beleza dos ecossistemas da Terra.

3 – A produção, o consumo e a reprodução sustentáveis.

4 – Respeito aos direitos humanos, incluindo o direito a um meio ambiente propício à dignidade e ao bem-estar dos humanos.

5 – A erradicação da pobreza.

6 – A paz e a solução não violenta dos conflitos.

7 – A distribuição equitativa dos recursos da Terra.

8 – A participação democrática nos processos de decisão.

9 – A igualdade de gênero.

10 – A responsabilidade e a transparência nos processos administrativos.

11 – A promoção e aplicação dos conhecimentos e tecnologias que facilitam o cuidado com a Terra.

12 – A educação universal para uma vida sustentada.

13 – Sentido da responsabilidade compartilhada, pelo bem-estar da comunidade da Terra e das gerações futuras.

Consensualmente, entende-se que a *Carta da Terra* deve ser:

1 – Uma declaração de princípios fundamentais com significado perdurá-
vel e que possa ser compartilhada amplamente pelos povos de todas as
raças, culturas e religiões.

2 – Um documento relativamente breve e conciso, escrito com linguagem
inspiradora.

3 – Ela deve ser clara e significativa.

4 – A articulação de uma visão que reflita valores universais.

5 – Uma chamada para a ação, que agregue novas dimensões significativas de
valores às que já se encontram expressas em outros documentos relevantes.

6 – Uma Carta dos povos que sirva como um código universal de conduta
para pessoas, para instituições e para Estados.

A Proclamação dos Direitos Humanos pelas Nações Unidas em 1948
partiu de um grupo de especialistas e foi negociada entre os Estados membros da organização. Ela foi feita antes de consultar a "demanda", embora
ela tivesse se manifestado de diversas formas. A sociedade civil não parti-
cipou ativamente de sua elaboração, inclusive porque o crescimento das
organizações sociais deu-se sobretudo na segunda metade do século XX.

Hoje, graças a um esforço que está mobilizando numerosas pessoas e
instituições num imenso processo pedagógico, a proclamação dos Direitos
da Terra ou simplesmente a *Carta da Terra* será precedida por um abrangente processo de **consulta**: parte-se das exigências da vida cotidiana, da
demanda dos povos para a promulgação dos direitos da Terra que incluem
os direitos dos seres humanos. O Conselho da Terra, com sede na Costa
Rica, em estreita cooperação com outras organizações, como a Cruz Verde,
a Cruz Vermelha e o Programa das Nações Unidas para o Meio Ambiente
(PNUMA), vem lançando o debate para o interior da sociedade civil mundial, com um extenso programa de consultas por áreas e por setores-chave.
A médio e longo prazos, esse processo de consulta deverá culminar com o
fortalecimento da participação das diversas organizações da sociedade civil
na sustentabilidade das comunidades e países em todo o mundo.

A *Carta da Terra* será proclamada pelas Nações Unidas, nos primeiros
anos do século XXI, dando prosseguimento aos compromissos assumidos
pelos povos, nações, Estados e sociedade civil, na **Rio-92**, tanto no Fórum

Global quanto na Unced (United Nations Conference on Environment and Development). Entretanto, todos os esforços nesse sentido pouco adiantarão se a *Carta da Terra* representar apenas um conjunto de princípios elaborados por especialistas, negociados politicamente pelos governos e proclamados solenemente. É necessário que a Carta seja, acima de tudo, vivenciada no cotidiano das pessoas. Para que isso aconteça de fato, é fundamental o **processo coletivo de educação**, sistemático e organizado, que nos assegure que o maior número possível de cidadãos do planeta não apenas tenha tomado conhecimento do conteúdo da Carta, mas tenha participado ativamente da sua elaboração e tomado consciência de que um **futuro saudável da Terra** depende da criação de uma **cidadania planetária**. A *Carta da Terra* "deve ser entendida como uma práxis construída de forma engajada, transformadora, real e concreta do cotidiano, geradora de atitudes e comportamentos sustentáveis, que atinjam os micro e macrocosmos e que afetem diretamente as mentes e os corações de toda a humanidade" (Fernando Mendonça de Araújo, in IPF, 1999, p. 3).

Esta cidadania deve sustentar-se com base numa **ética integral** de respeito a todos os seres com os quais compartilhamos o planeta. Como construir na prática essa ética integral sem um processo educativo? Isso exige, certamente, uma nova compreensão do papel da educação, para além da transmissão da cultura e da aquisição do saber. Implica a construção de novos valores e novas relações. "Nosso futuro comum" depende de nossa capacidade de entender hoje a situação dramática na qual estamos devido à deterioração do meio ambiente. E isso passa por um processo de conscientização planetária.

Por isso, temos certeza de que os temas relacionados com o **desenvolvimento sustentável** e a **ecopedagogia** tornar-se-ão muito importantes nos debates educacionais das próximas décadas. Ao mesmo tempo, cremos que o papel da **educação popular comunitária** será decisivo para a mudança de **mentalidades** e **atitudes** em direção à sustentabilidade econômica.

A *Carta da Terra* deve ser entendida sobretudo como um movimento ético global para se chegar a um **código de ética planetário**, sustentando um núcleo de princípios e valores que fazem frente à injustiça social e à falta de equidade reinante no planeta. Cinco pilares sustentam esse núcleo: a) direitos humanos; b) democracia e participação; c) equidade; d) proteção da minoria; e) resolução pacífica dos conflitos. Esses pilares são cimentados por uma visão de mundo solidária e respeitosa da diferença (consciência planetária).

O intercâmbio planetário que ocorre hoje em função da expansão das oportunidades de acesso à comunicação, notadamente através da Internet, deverá facilitar o diálogo inter e transcultural e o desenvolvimento desta nova ética planetária. A campanha da *Carta da Terra* agrega um novo valor e oferece um novo impulso a esse movimento pela ética na política, na economia, na educação etc. Ela se tornará realmente forte e, talvez, decisiva, no momento em que representar um **projeto de futuro**, um contraprojeto global e local ao projeto político-pedagógico, social e econômico neoliberal, que não só é intrinsecamente insustentável, como também essencialmente injusto e desumano.

Não basta apenas ler e informar-se sobre a degradação do meio ambiente. Sem um processo educativo, a *Carta da Terra* pode tornar-se mais uma declaração inócua de princípios. Foi com essas preocupações que a Unesco, o Pnuma (Programa das Nações Unidas para o Meio Ambiente), Conselho da Terra e outras instituições internacionais como a Icea (International Community Education Association), o WUS (World University Service) e o Icae (International Council of Adult Education) deram início a um esforço internacional e interinstitucional no sentido de desenvolver um processo educativo – tanto em nível formal quanto não formal – que envolva a sociedade civil. Como diz Francisco Gutiérrez (1994, p. 6), há duas pedagogias opostas. A **pedagogia da proclamação** não dá ênfase aos interlocutores como protagonistas. Pelo contrário, a **pedagogia da demanda**, porque parte dos protagonistas, busca, em primeira instância, a satisfação das necessidades não satisfeitas, desencadeando em consequência um processo imprevisível, gestor de iniciativas, propostas e soluções.

O povos da América Latina foram sempre submetidos à pedagogia da proclamação. No Brasil, nossos príncipes proclamaram a independência (1822) e a libertação dos escravos (1888) sem a participação popular. Como diz Florestan Fernandes (1989), somos um país feito pelas elites e para elas e a educação segue essa mesma lógica. Até hoje a mídia e a escola comportam-se pela ética da proclamação enquanto a "demanda" é entretida com festas (carnaval, futebol, TV), espetáculos e celebrações (Showmissas, padres cantores e pregadores eletrônicos), reduzida a mera receptora de mensagens em que se misturam marketing, comércio e religião. Mexe-se mais com a emoção do que com a reflexão, numa alucinante forma de alienação massiva.

Os processos pedagógicos exigidos pela **proclamação** são radicalmente diferentes dos exigidos pela **demanda**. Trata-se de dois discursos essencialmente diferentes: o estruturado rigorosamente racional, linear e lógico da proclamação e o vivencial, intuitivo, dinâmico, complexo e experiencial da demanda. O discurso da proclamação está feito e é praticamente perfeito (por exemplo, a *Declaração Universal dos Direitos Humanos*), e o discurso da demanda se faz e se refaz na cotidianidade e consequentemente é inacabado e imperfeito.

A *educação centrada no discurso da proclamação* exige uma pedagogia vertical, impositiva, porque está precisamente baseada em mensagens, em "comunicados" – como diz Paulo Freire – e conteúdos que devem ser transmitidos. A proclamação se limita a uma pedagogia propositiva e conceitual em todas as dinâmicas. A "participação" está mais em função daquele que ensina e do conteúdo que é ensinado do que naquele que aprende.

A *educação centrada na demanda*, ao contrário da primeira, exige uma pedagogia da intercomunicação a partir da cotidianidade dos interlocutores. Nessa pedagogia as dinâmicas e a participação nascem da própria realidade vivenciada e anterior a ela, do próprio imaginário das pessoas (DURAND, 1997 e 1998) e dos grupos de pessoas, que é o que realmente imprime sentido ao processo ecopedagógico.

O processo de elaboração da *Carta da Terra* está ainda em pleno andamento. Contudo, segundo os documentos já elaborados, podemos assinalar seus principais **eixos**, que são ao mesmo tempo os valores nos quais deve sustentar-se a ecopedagogia:

1 – Sacralidade, diversidade e interdependência da vida.

2 – Preocupação comum da humanidade de viver com todos os seres do planeta.

3 – Respeito aos Direitos Humanos.

4 – Desenvolvimento sustentável.

5 – Justiça, equidade e comunidade.

6 – Prevenção do que pode causar danos.

São grandes chaves político-pedagógicas que traduzem sobretudo o desejo de construir uma humanidade menos opressiva do que aquela que construímos até hoje. Contudo, o necessário grau de generalidade desses eixos não pode nos distanciar de uma prática pedagógica concreta. Por isso nos perguntamos: o que podemos fazer no interior de um movimento como o da *Carta da Terra*, partindo desses eixos?

Além de participar como cidadãos, cremos que podemos, como educadores populares, tornar a *Carta da Terra* um pretexto para organizar um movimento em torno das condições de vida do excluídos dos benefícios do seu desenvolvimento. O tipo de desenvolvimento sustentado na dilapidação dos recursos materiais está beneficiando cada vez menos pessoas. A mudança de paradigma econômico é condição necessária para estabelecer um desenvolvimento com equidade.

No texto escrito sobre a *Carta da Terra*, em 1994, Herbert de Souza, o Betinho, chama a atenção para que a discussão da Carta não fique num plano puramente idealístico ou idealista, mas procure tornar-se um instrumento de luta em favor daqueles que não têm nada e que, principalmente, não tem terra. Ele escreveu:

> *Um dia, a vida surgiu na Terra. A Terra tinha com a vida um cordão umbilical. A vida e a Terra. A Terra era grande, e a vida pequena, inicial. A vida foi crescendo, e a Terra ficando menor, não pequena. Cercada, a Terra virou coisa de alguém, não de todos, não comum. Virou a sorte de alguém e a desgraça de tantos. Na história, foi tema de revoltas, revoluções, transformações. A terra e a cerca. A terra e o grande proprietário. A terra e o sem-terra. E a morte.*
>
> *Mas é tanta, é tão grande, tão produtiva, que a cerca treme, os limites se rompem, a história muda e, ao longo do tempo, o momento chega para pensar diferente: a131 terra é um bem planetário, não pode ser privilégio de ninguém; é um bem social e não privado; é patrimônio da humanidade e não arma do egoísmo particular de ninguém. É para produzir, gerar alimentos, empregos, viver. É um bem de todos para todos. Esse é o único destino possível para a Terra.*

O "discurso ecológico" pode ter sido, muitas vezes, manipulado pelo capital, mas a luta ecológica não. Ela não é elitista. Como diz Antônio Lago, "os mais pobres são os que recebem com maior impacto os efeitos da degradação ambiental, com o agravante de não terem acesso a condições favoráveis de saneamento, alimentação etc., e não poderem se utilizar dos artifícios de que os mais ricos normalmente se valem para escapar do espaço urbano poluído (casas de campo, viagens etc.)" (1984, p.56).

Segundo Stephen Jay Gould (1993, p. 4), o movimento conservacionista – que precedeu ao movimento ecológico – surgiu como uma "tentativa elitista dos líderes sociais ricos no sentido de preservar áreas naturais como domínios para o lazer e a contemplação dos privilegiados". O que é necessário é se livrar desta visão do ambientalismo como algo "oposto às necessidades humanas imediatas, especialmente as necessidades dos pobres". O ser mais ameaçado pela destruição do meio ambiente é o ser humano e dentre os seres humanos os mais pobres são as suas principais vítimas.

O movimento ecológico, como todo movimento social e político, não é um movimento neutro. Nele também, como movimento complexo e pluralista, se manifestam os interesses das grandes corporações (GONÇALVES, 1999). O que nos interessa, como educadores, não é combater todas as formas de sua manifestação, mas entrar no seu campo e construir, a partir do seu interior, uma perspectiva popular e democrática de defesa da ecologia. Ele pode ser um espaço importante de luta em favor dos seres humanos mais empobrecidos pelo modelo econômico capitalista globalizado. Mas trata-se, acima de tudo, de salvar o planeta. Sem que o planeta seja preservado, as lutas por melhores relações sociais, pela justa distribuição da riqueza produzida etc. perdem sentido, pois de nada adiantarão estas conquistas se não tivermos um planeta saudável para habitar.

Uma das formas de participar dessa luta é reunir pessoas e instituições para discutir o que fazer com a Terra. Partindo das coisas cotidianas ou dos dados dramáticos sobre a degradação da qualidade de vida de todos os habitantes da Terra, podemos nos interrogar sobre o que está se passando e sobre qual papel podemos ter em relação a essa questão. Nós, conscientemente ou não, somos parte deste problema.

Coerentes com a ecopedagogia, no final de cada discussão, precisamos buscar os caminhos da ação, isto é, o que nós podemos fazer para mudar, seja *pessoalmente*, seja *socialmente*, institucional e coletivamente. Não podemos separar a ecopedagogia da **cotidianidade**. A pedagogia tradicional considerava a esfera do cotidiano muito "pequena" para ser levada a sério. Hoje estamos cientes de que, por exemplo, a lágrima de um aluno na classe ou o desenho de uma criança na rua podem ser considerados como grandes livros, se soubermos fazer uma leitura em profundidade. A partir de manifestações simples da cotidianidade, podemos descobrir e enfrentar a complexidade das questões mais amplas e gerais da humanidade. A ecologia parece particularmente sensível a essa relação entre o geral e o particular, sustentando que é preciso "pensar globalmente e agir localmente". Na **era global** parece possível fazer ambas as coisas: pensar e agir global e localmente, sem dicotomizá-las.

Leitura

CARTA DA TERRA

Ernesto Sábato, por ocasião da apresentação do
projeto Carta da Terra – Argentina, no dia 3 de agosto de 1998.

"Já é tempo, como dizia Unamuno, de começar a falar de 'Mátria' em vez de Pátria; já que é a mulher a que outorga e conserva a existência".

O mundo atravessa um tempo de desastres. Milhões de vidas humanas são desprezadas por interesses econômicos; cada vez são mais os pequeninos que nas noites mexem nos nossos sacos de lixo; a contaminação dos gases e as radiações põe em perigo a existência do planeta, e as lutas do poder continuam causando o sofrimento de milhares de inocentes.

Valores éticos e espirituais que outrora foram o fundamento de culturas milenárias foram bastardeados pelos propiciadores do famoso progresso, que agora nos deixaram no limite de um precipício mortal. Esta catástrofe é produto da mentalidade tecnocrática e cientificista que nos preparou tão somente para a destruição, acabando com todo tipo de realidade física e espiritual. Até mesmo com a alma dos nossos filhos.

Hoje o planeta é um lar em chamas, e quando vejo o sofrimento dos seres humanos lembro-me de que Dostoiévski nos alertou que o progresso não era nada comparado com o pranto de uma só criatura. Quando acontecem esses fatos da natureza, parece que Nietzsche tinha razão quando dizia que o homem era a única criatura animal perversa da criação. Quantas vezes, ao longo da história, nos foi possível comparar que o ser humano é capaz de gestos de crueldade inenarráveis.

Por outro lado, há honrosas exceções; pessoas que com certa frequência, anonimamente, oferecem o seu tempo e até sua própria vida para acompanhar os mais desamparados; provando-nos que nem tudo está perdido. São estes gestos humildes, mas heroicos, os que levantam a humanidade de todas as suas quedas.

Por tudo isto, considero fundamental a existência deste organismo – refiro-me ao comitê da Carta da Terra da Argentina – que promove

123

valores que neste fim de século pareciam perdidos para sempre. Como dizem em seu estatuto: "A Terra é o nosso lar e o lar de todos os seres vivos".

Todos os grupos humanos e sociais têm o direito de viver dignamente nela como membros de uma só família. Devemos respeitar a Terra e a vida novamente.

Para isso, é de absoluta importância a cooperação das comunidades indígenas. Segundo a sabedoria de seus mitos e lendas, a criação foi entregue ao nosso cuidado. No entanto ela é selvagemente profanada pelo mundo hiperdesenvolvido. E é lamentável a inexistência de uma política de meio ambiente que salve o mundo, que outrora era povoado de presenças misteriosas e sagradas. Muito pelo contrário, em vez de se preocuparem devidamente, continuam usurpando a Terra dos aborígenes, como está acontecendo atualmente com os mapuches e os wichis, os quais tive a sorte de conhecê-los durante uma greve de fome que fizeram em frente ao Congresso. A que ponto chegamos!

Porém, quando as montanhas eram suas montanhas, quando os lagos foram seus lagos e quando um silêncio mágico e ancestral cobria os céus estrelados que também eram deles, a Terra era verdadeiramente habitável. Por isso são eles que podem voltar atrás e mostrar-nos o caminho que nos transforme verdadeiramente em humanos. Um exemplo é o que está acontecendo com os maias nessa luta desesperada e desproporcional, tentando manter vivos os seus deuses, contra uma política que os ignora, matando-os aos milhares, em uma atroz, selvageria.

Fico reconfortado que seja você, querida Mercedes Sosa quem esteja dando rosto a esse importante projeto. Porque com grave melancolia você soube expressar muitas dessas dores, tanto quanto os operários explorados, os estudantes perseguidos, índios marginalizados e esses menininhos abandonados na orfandade das nossas ruas têm sentido que seus profundos pesares eram elevados em cada uma de tuas canções. Isto porque é tempo, como dizia Unamuno, de começar a falar de Mátria em vez de Pátria; já que é a mulher a que outorga e conserva a existência. E então nossa Terra, nossa sofrida e sempre postergada Terra, como uma criatura desamparada, conhecerá o merecido cuidado nos braços de uma Mãe.

Questões para reflexão e aprofundamento dos temas

1 – O que podemos fazer para construir uma sociedade que satisfaça as necessidades presentes sem comprometer a capacidade das gerações futuras de suprir suas próprias necessidades?

2 – O que ficou em sua memória dos encontros mundiais realizados no Brasil, onde foi discutido o futuro da vida no planeta? Quais os resultados desses encontros que hoje fazem parte do seu dia a dia? Se você fosse organizar uma conferência planetária "Eco-2000", quem seriam os convidados e quais seriam os problemas planetários a serem tratados?

3 – A frase "Nós somos a Terra" nos faz pensar nos elementos e sentidos que nos unem ao planeta. Faça uma lista dos elementos e sentidos que você compartilha com a Terra.

4 – Se as populações do hemisfério sul consumissem e desperdiçassem o mesmo que o norte, como seria o nosso planeta? Como construir um modelo de desenvolvimento para os povos do hemisfério sul sem repetir o modelo do norte?

5 – De que forma a violência se manifesta nos planos físico, verbal, emocional e no pensamento? É possível lutar contra a violência usando maneiras ainda mais violentas? Qual a importância do desprendimento e da simplicidade para a construção de uma cultura de paz? Em sua vida cotidiana, em que momento você pode utilizar-se destes conhecimentos?

6 – As leis feitas pelos homens são falhas e localizadas em comparação com as leis da natureza, perfeitas e universais. Em que medida leis humanas podem adquirir universalidade e contribuir efetivamente para a garantia da vida no planeta?

7 – A Carta da Terra *é um código ético planetário. A* Declaração Universal dos Direitos Humanos *afirma direitos e garantias humanas individuais e coletivos. Explique a dimensão que a* Carta da Terra *possui e sua relação com a* Declaração dos Direitos Humanos.

8 – Qual a importância dos saberes dos povos indígenas para a atual humanidade? E das minorias étnicas?

9 – *Como devemos proceder para tornar a* Carta da Terra *um movimento que transforme as condições de vida da população excluída?*

10 – *Qual a dificuldade que se apresenta quando iniciamos a elaboração de um documento a partir da demanda dos povos?*

Capítulo 5

CIDADANIA PLANETÁRIA

*A Terra é uma só nação,
e os seres humanos,
os seus cidadãos.*

Rio-92

A globalização, fenômeno que caracterizou o final de século XX, impulsionado sobretudo pela tecnologia, parece determinar cada vez mais nossas vidas. "Grande parte do destino de cada um de nós, queiramos ou não, joga-se num cenário em escala mundial. Imposta pela abertura das fronteiras econômicas e financeiras, impelida por teorias de livre comércio, reforçada pelo desmembramento do bloco soviético, instrumentalizada pelas novas tecnologias da informação, a interdependência planetária não cessa de aumentar, no plano econômico, científico, cultural e político" (DELORS, 1999, p. 35).

As decisões sobre o que nos acontece no dia a dia parecem nos escapar, por serem tomadas muito distantes de nós, comprometendo nosso papel de sujeitos da história. Mas não é bem assim. Como fenômeno e como processo, a globalização tornou-se irreversível, mas não esse tipo de globalização à qual estamos submetidos hoje – a globalização capitalista –, cujos efeitos mais imediatos são o desemprego, o aprofundamento das diferenças entre os poucos que têm muito e os muitos que têm pouco, a perda de poder e autonomia de muitos Estados e nações. Há pois que distinguir os países que hoje comandam a globalização – os globalizadores (países ricos) – dos países que sofrem a globalização – os países globalizados (pobres).

Dentro deste complexo fenômeno podemos distinguir também a **globalização econômica**, realizada pelas transnacionais, da **globalização da cidadania**. Ambas se utilizam da mesma base tecnológica, mas com lógicas opostas. A primeira, submetendo Estados e nações, é comandada pelo interesse capitalista; a segunda globalização é a realizada pela organização da sociedade civil. A sociedade civil globalizada é a resposta que a sociedade civil como um todo e as ONGs estão dando hoje à globalização capitalista. Neste sentido, o **Fórum Global 92** se constituiu num evento dos mais significativos do final do século XX: deu grande impulso à globalização da cidadania. Hoje, o debate em torno da *Carta da Terra* está se constituindo num fator importante de construção desta cidadania planetária. Qualquer pedagogia, pensada fora da globalização e do movimento ecológico, tem hoje sérios problemas de contextualização.

O movimento ecológico e a globalização estão abrindo novos caminhos não só para a educação, mas também para a cultura e a ciência. A fragmentação vai sendo gradativamente substituída por uma análise que leva em conta muitos e variados aspectos (teoria da complexidade). O pensamento fragmentado que simplifica as coisas e destrói a possibilidade de uma reflexão mais ampla sobre questões da própria sobrevivência da humanidade e do planeta vai aos poucos sendo substituído pela **transdisciplinaridade**. "A tradicional separação entre as disciplinas de humanas, exatas e naturais perde sentido, já que o que se busca é o conhecimento integrado de todas elas para a solução dos problemas ambientais" (REIGOTA, 1994, p. 26). A partir da problemática ambiental vivida cotidianamente pelos mais próximos, ou seja, na família, na escola, na empresa, na aldeia, nas diversas comunidades nativas, na biografia de cada um, nas suas histórias de vida, processa-se a consciência ecológica e se opera a mudança de mentalidade. A transdisciplinaridade não anula as disciplinas, mas as aproxima, as fortalece naquilo que elas têm de comum, que as atravessa, as ultrapassa.

A ecopedagogia não quer oferecer apenas uma nova visão da realidade. Ela pretende reeducar o olhar ou, como diz Edgar Morin, o "olhar sobre o olhar que olha" (PETRAGLIA, 1998). Reeducar o olhar significa desenvolver a atitude de observar a presença de agressões ao meio ambiente, criar hábitos alimentares novos, observar o desperdício, a poluição sonora, visual, a poluição da água e do ar etc. e intervir no sentido de reeducar o habitante do planeta.

No **Instituto Paulo Freire** temos defendido, nos últimos anos, o que chamamos de escola cidadã e de pedagogia da práxis. Como chegamos a eleger hoje a ecopedagogia como um tema central de preocupação do Instituto sem perder as bandeiras até agora sustentadas?

O caminho que o IPF trilhou para chegar à ecopedagogia foi o resultado da sua própria reflexão e intervenção na prática educativa contextualizada hoje, partindo do legado do seu fundador, Paulo Freire. A **escola cidadã**, como a defendemos, enquadra-se perfeitamente nas preocupações da ecopedagogia, na medida em que seu suposto básico é que cada escola construa o seu projeto político-pedagógico. A autonomia é também uma característica da ecopedagogia. A **pedagogia da práxis**, inserida na tradição marxista renovada da pedagogia, também não se contrapõe à ecopedagogia como pedagogia libertadora. No Instituto Paulo Freire não abandonamos as categorias críticas (marxismo, libertação), mesmo incorporando categorias pós-críticas (significação, representação, cultura, multiculturalismo). A escola cidadã, ao propor a ecopedagogia, fundamenta-se numa concepção crítica da educação e avança na pós-modernidade científica e educativa, "progressistamente", como nos escrevia o seu fundador, Paulo Freire (GADOTTI, 1995, p. 11), levando em conta os novos paradigmas da ciência e da pedagogia, sem dicotomizá-los burocraticamente, mas tirando deles as necessárias lições para poder continuar caminhando.

Cremos que tanto uma como outra de nossas primeiras bandeiras têm a ganhar com a ecopedagogia na medida em que ela contribui para alargar o horizonte das propostas defendidas pelo IPF. Tanto no caso da escola cidadã quanto no caso da pedagogia da práxis, a ecopedagogia agrega mais um valor, que é o da "cidadania planetária" (GUTIÉRREZ, 1996). O conceito de cidadania ganha nova dimensão. Como **cidadãos(ãs) do planeta,** nos sentimos como seres convivendo no planeta Terra com outros seres viventes e inanimados. Esse princípio deve orientar nossas vidas, nossa forma de pensar a escola e a pedagogia.

A cultura oriental, ao contrário da ocidental e cristã, poderia aqui ser evocada para dar suporte a essa "integração" com a natureza: "Isto é uma pedra, mas daqui a algum tempo talvez seja terra, e a terra se transformará numa planta, ou num animal, ou ainda num homem [...] Não lhe tributo reverência ou amor, porque ela um dia talvez possa se tornar isso ou aquilo, senão porque é tudo isso, desde sempre e sempre. E precisamente por ser ela uma pedra, por apresentar-se-me como tal, hoje, neste momento, amo-a e percebo o valor, o significado que existe em qualquer uma das suas veias e cavidades, nos amarelos e nos cinzas da sua coloração, na sua dureza, no som que lhe extraio ao bater nela, na aridez ou na umidade da sua superfície" (HESSE, 1994, p. 153). Herman Hesse, que recebeu, em 1946, o Prêmio Nobel de Literatura com seu livro *Sidarta*, expressa nessa passagem a profunda unidade que existe entre todos os seres, animados ou não, com os quais dividimos o planeta.

"Estrangeiro eu não vou ser. Cidadão do mundo eu sou", diz uma letra de música cantada por Milton Nascimento. Se as crianças de nossas escolas entendessem em profundidade o significado das palavras desta canção, estariam iniciando uma verdadeira revolução pedagógica e curricular. Como posso sentir-me estrangeiro em qualquer território se pertenço a um único território, a Terra? Não há lugar estrangeiro para terráqueos, na Terra. Se sou cidadão do mundo, não podem existir para mim fronteiras. As diferenças culturais, geográficas, raciais e outras enfraquecem, diante do meu sentimento de pertencimento à humanidade.

Mas será que somos realmente cidadãos(ãs) do mundo? O que é ser cidadão(ã)? O que é cidadania?

Cidadania é, essencialmente, consciência de direitos e deveres. Não há cidadania sem democracia, embora possa haver exercício não democrático da cidadania. A democracia fundamenta-se em três direitos: **direitos civis** (como segurança e locomoção); **direitos sociais** (como trabalho, salário justo, saúde, educação, habitação etc.); **direitos políticos** (como liberdade de expressão, de voto, de participação em partidos políticos e sindicatos etc.).

O conceito de cidadania, contudo, é ambíguo. Em 1789, a *Declaração dos Direitos do Homem e do Cidadão* estabelecia as primeiras normas para assegurar a liberdade individual e a propriedade. É uma concepção restrita de cidadania. Assim, podem existir diversas concepções de cidadania: uma concepção liberal, neoliberal, socialista-democrática (o socialismo autoritário e burocrático não admite a democracia como valor universal e desprezou a cidadania como valor). Existe hoje uma **concepção consumista** de cidadania sustentada na competitividade capitalista. Ela se restringe ao direito do cidadão de exigir a qualidade anunciada dos produtos que compra. Seria uma cidadania de mercado. Em oposição a essa concepção restrita existe uma **concepção plena** de cidadania. Ela não se limita aos direitos individuais. Ela se manifesta na mobilização da sociedade para a conquista dos direitos acima mencionados, que devem ser garantidos pelo Estado. É uma cidadania que visa também à conquista e construção de novos direitos. O cidadão que é cumpridor das leis, paga impostos e escolhe seus representantes políticos está exercendo a cidadania. Mas a cidadania plena é mais exigente. Ela cria direitos, novos espaços de exercício da cidadania.

A concepção liberal e neoliberal de cidadania entende que ela é apenas um produto da solidariedade individual (da "gente de bem") entre as pessoas, e não uma conquista e construção no interior do próprio Estado. A cidadania implica instituições e regras justas. O Estado, numa visão democrática e solidária, precisa exercer uma ação – para evitar, por exemplo, os abusos econômicos dos oligopólios –, fazendo valer as regras definidas socialmente. Não basta conquistar o poder de Estado; é preciso ocupá-lo para que seja melhor qualificado para o exercício de suas funções, para torná-lo mais competente no atendimento ao cidadão. Mais do que conquistar o Estado para inverter sua lógica autoritária, é preciso diluir, dissolver o seu poder no corpo social como um todo.

Embora haja consenso em torno do valor da cidadania, ela é compreendida de formas muito diferentes e até antagônicas. Como afirma Adela Cortina (1997), existem dimensões complementares da cidadania:

1 – *Cidadania política* – participação numa comunidade política.

2 – *Cidadania social* – justiça como exigência ética (da sociedade de bem--estar à sociedade justa).

3 – *Cidadania econômica* – a empresa cidadã, ética e a transformação da economia: os trabalhadores do saber, o terceiro setor (privado, porém público).

4 – *Cidadania civil* – a sociedade civil e a civilidade, civilização. Valores cívicos: liberdade, igualdade, respeito ativo, solidariedade, diálogo.

5 – *Cidadania intercultural* – multiculturalidade, interculturalidade, transculturalidade. A interculturalidade como projeto ético e político (miséria do etnocentrismo). A questão da identidade.

A noção de **cidadania planetária** (mundial) sustenta-se na visão unificadora do planeta e de uma sociedade mundial. Ela se manifesta em diferentes expressões: "nossa humanidade comum", "unidade na diversidade", "nosso futuro comum", "nossa pátria comum", "cidadania planetária" .

Cidadania planetária é uma expressão adotada para expressar um conjunto de princípios, valores, atitudes e comportamentos que demonstra uma **nova percepção da Terra** como uma única comunidade (BOFF, 1995). Frequentemente associada ao "desenvolvimento sustentável", ela é muito mais ampla do que essa relação com a economia. Trata-se de um ponto de referência ética indissociável da **civilização planetária** e da ecologia. A Terra é "Gaia" (LOVELOCK, 1987), um superorganismo vivo e em evolução: o que for feito a ela repercutirá em todos os seus filhos.

Há vários **processos de globalização**. Destacamos pelo menos dois deles:

1º – O processo de globalização que estendeu um modelo de dominação econômico, político e cultural totalitário e excludente: a globalização do modo de produção capitalista. Nele, podemos distinguir países globalizadores de globalizados. Aqui, a globalização é essencialmente excludente e tem criado as condições para um retrocesso brutal do ponto de vista dos direitos da maioria dos cidadãos do mundo todo. Nesse processo, a economia de mercado tem favorecido as disputas regionais por meio de blocos: o europeu, o asiático, o norte-americano ampliado e o latino-americano, retardando – ao invés de promover – uma real globalização. O mundo, do ponto de vista econômico, continua dividido. Agora dividido em blocos, em grandes interesses regionais.

2º – O processo de globalização propiciado pelos avanços tecnológicos, que criam as condições materiais (não ético-políticas) da cidadania global, a **globalização da sociedade civil**. Esta possibilita novos movimentos sociais, políticos e culturais, intensificando a troca de experiências de suas particulares maneiras de ser, questionando as desigualdades no interior dos Estados-nações. A questão fundamental colocada por esses movimentos é a da *reterritorialidade:* uma cidadania planetária que supere as nacionalidades (e sobretudo os nacionalismos), mas que, ao mesmo tempo, reconheça expectativas éticas, ecológicas, de gênero etc. como constitutivas de um direito à institucionalidade como novos Estados-nações (por isso fala-se, por exemplo, em "nação negra", "nação indígena" etc.). São novas territorialidades que combinam os determinantes econômicos com os da etnicidade, de gênero etc. A cidadania nacional perde o seu território de origem e aparece uma cidadania pluriterritorial. Este é o espaço (ciberespaço?) das ONGs e das estruturas intergovernamentais que tomam fatias de poder cada vez maiores do Estado-nação. O **desafio** que se coloca a essas novas territorialidades é o de *fortalecimento da perspectiva democrática* no seio da própria sociedade civil.

Muitos movimentos encontram formas de legitimação de seus atos no plano internacional. Veja-se o exemplo do poderoso movimento ecológico *Greenpeace,* que faz campanhas de preservação da natureza em quase todo o mundo. A *World Wildlife Fund* (WWF) é outro exemplo importante. Ela é uma das maiores organizações em defesa da ecologia, com 4,7 milhões de membros e atividades em mais de cem países. É maior do que algumas nações. Ainda para citar outro exemplo: o *Earthwatch* patrocina pesquisas científicas em mais de cem países, incluindo saúde, arqueologia e sociologia.

Na visão do primeiro processo, centrado no modelo econômico-político neoliberal, a cidadania global já teria sido alcançada. É o que sustentam os globalistas. Na visão do segundo processo, a cidadania global é considerada como um processo lento de construção, inconcluso, na medida em que existem ainda muitos excluídos da globalização. Diante do fenômeno da globalização, não podemos nos comportar nem como os *apocalípticos*, que veem na globalização a fonte de todos os males atuais, nem como os *integrados* que veem nela a salvação ou a condição final da realização plena do ser humano.

Ouvimos com frequência que um dos objetivos dos projetos de informática nas escolas públicas é "educar para uma cidadania global", numa sociedade tecnologicamente desenvolvida, e que os novos Parâmetros Curriculares Nacionais visam a adequar o currículo à globalização etc. Mas a que tipo de globalização se referem? Não o mencionam, supondo que a globalização econômica é a única forma possível de globalização. Não há dúvida de que, na visão mais corrente, o termo "global" está muito mais ligado ao processo de globalização econômica do que ao processo de globalização (solidariedade) da sociedade civil.

A **sociedade civil mundial** ou global está ainda em formação e "abrange uma grande variedade de sociedades contemporâneas, a leste e a oeste, pobres e ricas, centrais e periféricas, desenvolvidas e subdesenvolvidas, dependentes e agregadas, o conceito que se quiser usar. Apesar das diferenças existentes entre essas sociedades quanto a seus níveis sociais, econômicos, políticos, tecnológicos, culturais, é possível distinguir nelas estruturas, relações e processos semelhantes" (Maria Lúcia Azevedo Leonardi, in CAVALCANTI, 1998, p. 195). Entre os traços característicos das sociedades contemporâneas, Maria Lúcia Azevedo Leonardi (idem, ibid., p. 196-207) destaca o desenvolvimento tecnológico, a ocidentalização da cultura, a desterritorialização e o declínio das metrópoles, o enfraquecimento dos Estados-nações, "elos da sociedade global", segundo Octavio Ianni (1992, p. 96).

Se o termo "cidadania" é ambíguo, não é menos ambígua a expressão "sociedade civil mundial". Como diz o Relatório do **Clube de Lisboa**, "a sociedade civil mundial é uma nebulosa. É composta de milhares (cerca de meio milhão) de grupos e instituições cujas atividades vão da promoção da não violência à defesa das espécies animais em perigo de extinção, da defesa e da promoção de oportunidades iguais entre homens e mulheres à luta contra a dissecação de animais vivos, da conservação dos ambientes naturais aos movimentos ecológicos em todas as suas formas e componentes, do diálogo entre as religiões à luta contra a tortura, da defesa dos imigrantes ao desenvolvimento de novas formas de atividade econômica, do fortalecimento da cooperação transnacional entre as minorias linguísticas à busca de uma nova ética nos negócios, da promoção de uma telemática democrática à luta contra a guerra, e assim por diante" (PETRELLA, 1995, p. 36-7).

O Clube de Lisboa não evidenciou os grupos da sociedade civil que não integram o chamado campo democrático e que lutam por ideais racistas e antidemocráticos, preferindo evidenciar mais as formas morais e humanitárias da militância social da sociedade civil mundial, em que se destacam a atuação da Anistia Internacional, a Caritas Internacional, Os Amigos da

Terra, a Care, Emmaus Internacional, os Médicos Sem Fronteiras, o Green-peace, a World Wildlife Fund etc. A sociedade civil mundial é ainda muito fragmentada, dividida internamente, dependendo de cada contexto e país, onde existem muitas diferenças de constituição jurídica.

Apesar disso, a sociedade civil mundial está jogando um importante papel, seja na formação de uma consciência ética planetária emergente, seja como expressão de demandas sociais, aspirações populares e objetivos comuns de amplos setores da sociedade, seja na defesa da qualidade de vida e dos valores democráticos, principalmente dos países pobres. Além disso, é preciso destacar a sua **capacidade de inovação política**: "A sociedade civil mundial não é apenas uma consciência moral e não se limita a exprimir necessidades e aspirações. Através da sua ação multiforme e conduta em diversos níveis, contribui também para a solução de problemas, procurando e experimentando novos métodos e vias para confrontar nós não resolvidos e desafios, para identificar novas soluções institucionais, financeiras, econômicas e sociais" (PETRELLA, 1995, p. 40).

Diante da ambiguidade do termo "global", preferimos falar de **cidadania planetária** e não de cidadania global. Além do mais, desejamos realçar nosso pertencimento ao planeta, e não ao processo de globalização. O conceito de cidadania global estaria muito mais ligado ao recente processo de globalização provocado pelos avanços tecnológicos, enquanto a **planetaridade** continua sendo um desejo, um sonho que vem de muito mais longe. A diferença é que hoje, "dadas as ameaças que pesam sobre todos nós, a Terra ganhou uma nova centralidade" (BOFF, 1995, p. 10).

À primeira vista parece que hoje a cidadania, a tecnologia e a globalização estão caminhando juntas. Contudo, precisamos distingui-las, analisando suas particularidades e especificidades, seus limites e possibilidades. Daí a nossa preocupação pedagógica em colocar ainda aqui algumas **questões** que todo educador deve levar em conta ao se propor educar para a cidadania planetária.

1ª – Como construir uma cidadania planetária num país globalizado onde sequer foi ainda construída a *cidadania nacional?* Essa não é apenas uma pergunta que deve ser dirigida aos educadores, mas também aos políticos, aos comunicadores etc. Que garantias teremos de que a *Carta da Terra* seja cumprida se ainda não foi cumprida a *Declaração dos Direitos Humanos?*

2ª – Como fica a identidade diante da *ocidentalização da cultura* promovida pela mídia e do domínio da língua inglesa na Internet (65% de inglês diante de 0,5% de português)? A riqueza da humanidade está principalmente na sua diversidade. Se entendermos por humanidade a diversidade, não estaríamos caminhando para a morte intelectual da própria humanidade, provocada pela unificação da cultura e pela mestiçagem?

A identidade, o diálogo e a solidariedade nem sempre andam juntos. Como afirma o Relatório para a Unesco da Comissão Internacional sobre Educação para o Século XXI, "a exigência de uma solidariedade em escala mundial supõe, por outro lado, que todos ultrapassem a tendência de se fecharem sobre si mesmos, de modo a abrir-se à compreensão dos outros, baseada no respeito pela diversidade. A responsabilidade da educação nesta matéria é, ao mesmo tempo, essencial e delicada, na medida em que a noção de identidade se presta a uma dupla leitura: afirmar sua diferença, descobrir os fundamentos da sua cultura, reforçar a solidariedade do grupo podem constituir para qualquer pessoa passos positivos e libertadores; mas, quando mal compreendido, este tipo de reivindicação contribui, igualmente, para tornar difíceis e até mesmo impossíveis o encontro e o diálogo com o outro" (DELORS, 1999, p. 48).

3ª – Estaremos gestando uma *cultura global*, esmagando todas as culturas particulares e locais? Quais seriam as consequências desse processo de unificação das culturas? Não é o mesmo processo de mundialização de uma cultura particular/local? Essa gestação não estaria, por sua vez, possibilitando o crescimento do fundamentalismo (religioso ou laico), acirrando as resistências comunitárias aos valores culturais universalizantes? Certas culturas locais estão reforçando seus traços, nos levando a crer que o mundo continua fragmentado e não globalizado. O que está se universalizando? Padrões de consumo e de produção? Como afirma Fausto Telleri, professor da Universidade de Bologna, "o processo de globalização em curso, se de um lado cria as condições de uma aldeia global e torna mais realística a possibilidade de uma alfabetização geral, não pode ser também, de outro lado, um perigo para a identidade das minorias linguísticas e culturais? São estes alguns dos desafios aos quais a educação tem hoje o dever de responder adequada e satisfatoriamente, se quiser representar uma perspectiva de esperança e de desenvolvimento criador para todos" (IPF, 1999, p.36).

4ª – Como nos lembra a *Carta da Terra* de Cuba, aprovada em setembro de 1998, o capitalismo promove o consumismo e é contrário em sua essência à proteção do meio ambiente. O neoliberalismo procura destruir a comunidade para construir o indivíduo. A cidadania planetária está fundada em valores universais consensuados, num mundo justo, produtivo e num ambiente saudável. Que *consensos* podem ser construídos sob a hegemonia capitalista? Ao mesmo tempo que escrevemos os consensos, precisamos inscrevê-los, ética e socialmente, na convivência social, como os consensos das nações indígenas, inscritos na sua cultura, sem serem escritos.

5ª – Como seria uma "civilização da simplicidade" (GOROSTIAGA, 1991), da qualidade de vida, da sustentabilidade, da igualdade e da alegria compartilhada?

6ª – Devemos criticar o desenvolvimento sustentável como uma contradição em si? As noções de "desenvolvimento" e de "sustentabilidade" seriam antagônicas? O desenvolvimento sustentável é uma "armadilha do ecocapitalismo", como afirma Leonardo Boff? Devemos criticar toda forma de desenvolvimento ou apenas a forma capitalista de desenvolvimento?

Certamente existe uma concepção capitalista de desenvolvimento sustentável e que é majoritariamente sustentada pelo movimento ecológico. Ela pode se constituir numa armadilha para a ecopedagogia. Por isso a ecopedagogia não pode inspirar-se apenas numa concepção de desenvolvimento. O desenvolvimento sustentável, ao nosso ver, só pode, de fato, enfrentar a deterioração da vida no planeta na medida em que está associado a **um projeto mais amplo,** que possibilite o advento de uma sociedade justa, equitativa e includente, o oposto do projeto neoliberal e neoconservador. Só com o apoio forte dos trabalhadores da cidade e do campo, dos movimentos sociais e populares, podemos erigir um novo modelo de desenvolvimento e de educação verdadeiramente sustentáveis.

Podemos dizer que a educação para a cidadania planetária está apenas começando e que ela deve nos levar a uma educação para a **cidadania cósmica.** Os desafios são enormes tanto para os educadores quanto para os responsáveis pelos sistemas educacionais. Mas já existem certos sinais, na própria sociedade, que apontam para uma crescente busca não só por temas espiritualistas e de autoajuda, mas por um conhecimento científico mais profundo do universo.

O interesse por questões globais e pelo cosmos está atraindo muito mais do que os físicos hoje. E não só cientistas, mas também o grande público.

Há muita procura hoje por conhecimentos sobre o universo. É um fato auspicioso verificar que se busca saber mais não apenas sobre o homem, mas também sobre o planeta e o universo. A coluna de divulgação científica do astrofísico Marcelo Gleiser, aos domingos, no jornal *Folha de S. Paulo* é muito lida. Depois de seu best-seller de 1997, *A dança do universo* – que vendeu em dois anos 60 mil exemplares no Brasil e 10 mil nos Estados Unidos –, ele lançou suas colunas semanais no livro dois anos depois com o título *Retalhos cósmicos*. Isso demonstra o crescente interesse em conhecer mais sobre o universo.

Os **currículos escolares,** numa visão ecopedagógica, deverão incluir, desde os estudos infantis, não apenas o estudo do ambiente natural, o entorno, os contextos urbanos, mas a história da Terra e do universo. A ecopedagogia nos ensina a olhar para o céu. Gustavo Cherubini, coordenador do programa de ecopedagogia do Instituto Paulo Freire, é um educador muito sensível a esse tema, buscando superar a tradicional dicotomia entre o mundo humano e o não humano. Na convocatória que escreveu para o I Encontro Internacional da *Carta da Terra na Perspectiva da Educação,* ele introduziu o tema geral com um texto que julgo exemplar como visão de mundo da ecopedagogia.

> *Se olharmos para o céu atentamente em uma noite de lua minguante, longe das luzes artificiais dos grandes centros urbanos, poderemos identificar no espaço infinito uma miríade de corpos celestes que estão distribuídos por cerca de um bilhão de galáxias, cada galáxia com bilhões de astros. A fantástica e deslumbrante visão proporcionada pela natureza teve origem na grande explosão de um único corpo celeste, formando o universo que conhecemos e que, segundo os estudiosos, continua em expansão.*
>
> *O grande espaço universal ocupado pelos corpos celestes é medido por distâncias em anos-luz, tornando tudo ainda mais gigantesco, com proporções inimagináveis que continuamente despertam na humanidade o desejo de decifrar a origem e a totalidade do universo e da vida.*
>
> *As mesmas dimensões do universo que provocam na humanidade um desejo pelo seu conhecimento que nunca finda também servem para demonstrar o quanto o fenômeno da vida é raro. Até onde sabemos, dentro da infinitude espacial, somente no minúsculo corpo celeste chamado Terra a vida se fez, e com uma diversidade que nos fascina e*

encanta. Foi necessário que o caudaloso rio do tempo transcorresse para que as condições adversas da grande explosão abrandassem e longos processos sucessivos de acomodações e evoluções tivessem início e fim, continuamente, para que condições invulgares e de delicada textura tornassem possível o milagre da vida na ecosfera, a fina camada que recobre o corpo da Terra.

Na história da humanidade, o século 20 é cultuado pelos ocidentais como um período de tempo onde pudemos avançar enquanto seres criadores de obras e objetos técnicos e informacionais, cuja função e finalidade seria a de contribuir com o desenvolvimento e o progresso material dos seres humanos. É inegável o avanço proporcionado por processos produtivos e tecnológicos, geradores de produtos e soluções para as questões práticas da vida humana, principalmente as relacionadas aos setores de comunicação, transporte e consumo.

Mas, ao analisarmos detidamente o fim de século com um olhar acurado e sensível de observador interessado nos rumos da humanidade, podemos perceber que os valores universais construídos ao longo dos tempos por diversas culturas e pensamentos – valores e conceitos sobre a paz, a solidariedade e a harmonia – há muito deixaram de existir no cotidiano da vida do planeta. É como se a humanidade não levasse em consideração o quanto foi necessário de tempo e de adequação do espaço para que a vida, e toda espécie de vida, acontecesse no minúsculo corpo celeste chamado Terra.

Educar para a cidadania planetária implica muito mais do que uma filosofia educacional, do que o enunciado de seus princípios. A educação para a cidadania planetária implica uma revisão dos nossos currículos, uma reorientação de nossa visão de mundo da educação como espaço de inserção do indivíduo não numa comunidade local, mas numa comunidade que é local e global ao mesmo tempo. Educar então não seria, como dizia Émile Durheim, a transmissão da cultura de uma geração para outra, mas a grande viagem de cada indivíduo no seu universo interior e no universo que o cerca.

Leitura
HISTÓRIA DO UNIVERSO

Brian Swimme e Thomas Berry (1992)

Há quinze bilhões de anos, em uma combinação momentânea de energia jamais igualada novamente, o universo foi formado em uma grande explosão que fez voar matéria gasosa em todas as direções. Mais de 1 bilhão de anos passou-se antes de essa grande aglutinação de energia acalmar-se e estabilizar-se o suficiente para organizar a matéria gasosa sob a forma das centenas de bilhões de galáxias que compreendem o universo como o conhecemos hoje. Essas galáxias funcionavam como sistemas gigantes auto-organizadores de energia, arremessando-se pelo espaço vazio durante vários bilhões de anos. Esse período foi turbulento. As estrelas mais luminosas amadureceram muito rapidamente e explodiram em supernovas poderosas que marcaram o nascimento de novos sistemas de energia. Esses sistemas de segunda geração eram mais promissores em sua potencialidade, mais elaborados em sua estrutura interna e mantinham os elementos essenciais da vida, carbono, nitrogênio, oxigênio e os outros elementos. Dez bilhões de anos da explosão inicial de energia, nossa galáxia na Via Láctea formou-se como um sistema de segunda geração e, com ela, 10 mil novas estrelas. Uma dessas estrelas foi o sol. Em uma explosão maciça de energia, o sol lançou longe toda a matéria gasosa que o cercava. Dessa explosão de energia criou-se o sistema solar, Mercúrio, Vênus, Terra, Marte, Júpiter, Saturno, Urano, Netuno e Plutão.

Nem todos os planetas em nosso sistema solar foram dotados do mesmo potencial de criação de vida que a Terra. Em Júpiter, Saturno, Netuno e Urano, a atividade gasosa e fundida jamais amadureceu além dos processos químicos mais simples. Em Mercúrio, Vênus, Marte e Plutão, a crosta planetária endureceu lentamente em continentes sem vida. Apenas a Terra, perfeitamente equilibrada como era em sua própria dinâmica interna dentro do sistema solar, exibe a atividade química criativa necessária para a evolução da vida.

As primeiras células a aparecer subordinaram e canalizaram os poderes de criação da vida da explosão inicial de energia e juntaram esses poderes com uma capacidade descoberta de recordar os padrões específicos de informações genéticas necessárias para a autorreprodução. A próxima encarnação de células não apenas reteve essas capacidades, mas também subordinou os poderes de geração de vida do oxigênio. A meiose, a união de dois organismos geneticamente únicos para a finalidade de criação de um terceiro, também surgiu nesse período e aumentou múltiplas vezes a variedade genética da vida. Em uma base complementar, relações de predador/presa começaram a desenvolver-se, e, juntamente com a intimidade da meiose, salientaram as dimensões tanto simbióticas como violentas do processo emergente da Terra. O ápice de toda essa atividade criativa foi sinalizado pelo desenvolvimento do primeiro organismo multicelular, mais ou menos 700 milhões de anos atrás.

A emergência dos primeiros organismos multicelulares preparou o terreno para a propagação de uma diversidade de formas na natureza. Corais, larvas, insetos, moluscos, águas-vivas, esponjas, estrelas-do-mar, aranhas, vertebrados, sanguessugas e outras espécies começaram a florescer. Gradualmente, as espécies adaptaram-se para atender aos desafios da natureza e às adaptações de outras espécies. Os moluscos desenvolveram conchas para protegerem-se melhor. Novas formas de locomoção surgiram. Insetos alados aprenderam técnicas de propulsão sobre a água. Os peixes desenvolveram barbatanas ósseas para também se locomover mais rapidamente. As marés dos oceanos lançaram plantas à terra. A vida animal logo foi também lançada à terra e, assim, gradualmente, surgiu o grande reino das criaturas anfíbias e, com o tempo, os dinossauros.

As dimensões criativas desse período inicial de formação não ocorreram sem dificuldades. Desastres atingiram ocasionalmente a Terra, e colisões astronômicas maciças perturbavam o funcionamento delicado dos processos subjacentes do planeta. Algumas vezes, a vida virtualmente precisou reinventar a si mesma, como ocorreu com a extinção dos dinossauros, mais ou menos 67 milhões de anos atrás. Ainda assim, essa destruição também prenunciou a possibilidade do surgimento de novas linhas evolutivas de desenvolvimento. Com a extinção dos dinossauros, as dimensões criativas totais do desenvolvimento terrestre foram mantidas à medida que mamíferos, pássaros e outras criaturas surgiram para assumir seu lugar no grande drama da vida. Com o desenvolvimento da vida dos mamíferos, também surgiu a capacidade para a sensibilidade emocional por meio de um sistema nervoso cada vez mais complexo e, gradualmente, com o surgimento da espécie humana, a autopercepção consciente.

Quatro milhões de anos atrás, na África, os primeiros seres humanos puseram-se de pé. Dois milhões de anos atrás, os seres humanos aprenderam a criar ferramentas simples. Um milhão e meio de anos atrás os seres humanos domaram o poder do fogo. Trinta e cinco mil anos atrás os seres humanos celebraram pela primeira vez sua progressiva autoconsciência através de realizações ritualísticas de festivais, de cerimônias e de pinturas nas cavernas. Logo seguiu-se a domesticação de plantas e de animais e foi sinalizado o declínio gradual das sociedades de caçadores e colhedores e o surgimento de pequenas aldeias neolíticas e de outros assentamentos. Novas formas de atividade cultural floresceram nesses locais. As mulheres mantinham papéis sutis, oferecendo liderança moral e religiosa. Artistas e artesãos elaboravam seus trabalhos manuais. As disciplinas espirituais celebravam e articulavam os ritmos celestiais da natureza e prestavam homenagens ao Espírito Divino. Muitas das estruturas simbólicas básicas da linguagem surgiam nesse período. Avanços na linguagem, nas artes, na religião e na cosmologia estabeleceram as práticas de formação que ainda hoje compreendem a base de muitas disciplinas artísticas, espirituais e simbólicas (David Hutchison, *Educação ecológica*, p.15-12).

Questões para reflexão e aprofundamento dos temas

1 – Indique os direitos que o cidadão planetário deverá ter assegurado e os deveres que ele deverá cumprir.

2 – Quais as diferenças entre a concepção consumista de cidadania e a concepção plena de cidadania?

3 – Identifique e explique as dimensões complementares da cidadania e como você pode exercer seus direitos e deveres em cada uma delas.

4 – *Explique os desafios que a educação, os educadores e os educandos deverão enfrentar para a construção da cidadania planetária.*

5 – *Como levar em conta, na criação da cidadania planetária, a identidade das minorias culturais?*

6 – *Identifique e explique as ações e os acontecimentos que na sua opinião revelam que a sociedade civil mundial está em formação.*

7 – *Comente a necessidade de termos de exercer primeiro a cidadania local e nacional para alcançarmos a cidadania planetária. Quais seriam os focos principais que a cidadania planetária deveria dedicar-se na sua efetivação?*

8 – *É possível distinguir duas formas de globalização, a econômica e a da cidadania. Ambas utilizam-se da mesma base tecnológica, mas com lógicas opostas. Indique as principais características de cada uma e suas principais diferenças.*

9 – *Como você pode colaborar com a cidadania planetária e sua construção sem sair da sua comunidade? É importante sair de nosso ambiente para enfrentar novas vivências? Qual o valor das novas experiências, em outros ambientes, para a cidadania planetária?*

10 – *Você pode tornar-se parceiro dos órgãos públicos de sua cidade para melhorar o bem-estar de sua comunidade? E das entidades não governamentais, como as Associações de Bairro, a Associação de Pais e Mestres, o Grêmio Estudantil e as entidades ambientalistas?*

Capítulo 6
CIVILIZAÇÃO PLANETÁRIA

Cuidar das coisas implica ter intimidade, senti-las dentro, acolhê-las, respeitá-las, dar-lhes sossego e repouso. Cuidar é entrar em sintonia com, auscultar-lhes o ritmo e afinar-se com ele. A razão analítico-instrumental abre caminho para a razão cordial, o "esprit de finesse", o espírito de delicadeza, o sentimento profundo. A centralidade não é mais ocupada pelo "logos" razão, mas pelo "pathos" sentimento.

Leonardo Boff, Saber cuidar, *p. 96.*

A planetaridade está na raiz de muitas filosofias, religiões e movimentos sociais, políticos e até linguísticos que buscavam fundar uma civilização planetária. Tem sido um sonho nutrido por muitas ideologias. Ela está presente particularmente no Ocidente:

1º – A *helenização* e a *romanização* constituíram-se, a seu modo, num processo de globalização: todos os homens, em todos os lugares, deveriam ser gregos ou romanos. Não vamos citar aqui o milenarismo nazi-fascista para não gerar tanta polêmica em torno do termo. O sonho autoritário tem se constituído sempre na busca de tornar hegemônica uma certa visão de mundo, mesmo quando é totalmente inviável. Por exemplo, estender o modo de vida americano aos chineses, tentando fazer com que cada um deles possuísse um carro, seria um desastre, os chineses esgotariam rapidamente as reservas de combustível do planeta. E mais, não sairiam do lugar!

2º – No campo das religiões, a cidadania planetária sempre se constituiu em um pressuposto importante do *movimento evangélico* que, em tese, deveria reunir todos em defesa da vida, independentemente de fronteiras geográficas e sociais.

3º – A *ilustração* também falava da mundialização como utopia, como reconciliação universal de todos e da criação de um estado mundial.

4º – A *literatura mundial* está cheia de exemplos. Escreveu Vitor Hugo, autor de *Os miseráveis*: "O futuro é um edifício misterioso que levantamos na Terra com as próprias mãos e que mais tarde deverá servir-nos a todos de moradia".

5º – A cidadania planetária é um antigo *sonho socialista* (utópico). Há muito de utopia, ainda hoje, no pensamento socialista diante da globalização capitalista excludente. Na visão/realização socialista autoritária (foi essa face do socialismo que fracassou, felizmente, e não o sonho socialista), predominou a imposição a todos de uma visão de mundo, restringindo-se o respeito às singularidades.

6º – O movimento mundial pelo *esperanto*, pelas suas características, constitui-se na manifestação desse impulso de relacionar-se para além das fronteiras. O esperanto vem buscando essa aproximação planetária pela tentativa de superar a barreira linguística. Ele pretende ser a língua da cidadania planetária, mas as novas tecnologias que possibilitaram a globalização impuseram outra língua, o inglês. A língua inglesa e o computador tornaram-se os instrumentos da nova cidadania global.

Os franceses preferem falar de **mundialização** em vez de globalização. De fato, a agilização dos sistemas de comunicação que a telecomunicação e a informática possibilitaram foi realmente uma mundialização, inaugurando uma nova era, a da informação (não ainda a era do conhecimento). Isso porque tornaram acessível às empresas, instituições e indivíduos um enorme volume de dados, imagens, sons (multimídia) etc., possibilitando a comunicação em tempo real, independentemente das distâncias. É o tempo-espaço (ciberespaço) da **virtualidade**, proporcionado pelo avanço das chamadas **novas tecnologias**, que estocam de forma prática o conhecimento e gigantescos volumes de informações. Elas são armazenadas de forma inteligente, permitindo rapidamente a pesquisa e o acesso, de forma muito simples, amigável e flexível. "As redes mundiais da *informação* fazem com que este produto trafegue por todo o planeta, reconfigurando as dimensões do espaço e do tempo, do *aqui* e do *agora*, fazendo com que o *agora* exerça uma aparente supremacia sobre a localização dos receptores, tal a instantaneidade com que os fatos se fazem *presentes* em todos os lugares" (Luis Martins da Silva, in FREITAG, 1996, p. 206).

A casa deixará um dia de ser o **endereço, o ponto de referência** das pessoas. O cidadão do mundo da civilização planetária terá a Terra como seu endereço e o seu sítio (*site*) na Web como ponto de referência. O local privado onde a pessoa dorme não é importante. O importante é o lugar onde você pode ser encontrado, comunicar-se com os amigos, ser visto por eles, mesmo que a distância. O seu *site* estará aberto 24 horas por dia, sem restrição. Não haverá chaves. Mas você terá domínio sobre ele. Você abrirá a porta dele apenas àqueles e àquelas que você desejar. O seu *site*, sempre ativo, receptor-emissor, garantirá o seu lugar e a sua presença no mundo (virtual). A presença física não é nada sem vibração, sem interesse. Um corpo presente não é nada. O importante é estar ligado, plugado, atento, virtualmente presente e não apenas corporalmente.

A globalização está muito mais ligada ao fenômeno da mundialização do mercado, que é um tipo de mundialização. E mesmo esta, fundada no mercado, pode ser vista como uma **globalização cooperativa** ou como uma **globalização competitiva** sem solidariedade. Entre o estatismo absolutista e a mão invisível do mercado, pode existir — "e existe" — uma nova economia de mercado em que predominam a cooperação e a solidariedade e não a competitividade selvagem, uma "economia solidária" (SINGER, 1996), a verdadeira "economia da sustentabilidade" (CAVALCANTI, 1998).

A globalização em si não é problemática, pois representa um processo de avanço sem precedentes na história da humanidade. O que é problemático é a globalização competitiva, na qual os interesses do mercado se sobrepõem aos interesses humanos, os interesses dos povos se subordinam aos interesses corporativos das grandes empresas transnacionais. Assim, podemos distinguir uma globalização competitiva de uma possível globalização cooperativa e solidária. A primeira está subordinada apenas às leis do mercado e a segunda, aos valores éticos e à espiritualidade humana.

A cidadania planetária supõe o reconhecimento e a prática da **planetaridade**, isto é, tratar o planeta como um ser vivo e inteligente. Como diz Francisco Gutiérrez, "a planetaridade deve levar-nos a sentir e viver nossa cotidianidade em relação harmônica com os outros seres do planeta Terra" (GUTIÉRREZ e PRADO, 1999, p. 37).

No livro *O despertar da águia,* Leonardo Boff discute o tema da **civilização planetária**, que chegou no final do século XX com o nome de mundialização e de globalização, representando "indiscutivelmente uma etapa nova na história da Terra e do ser humano. Estamos superando os limites dos Estados-nações e rumando para a constituição de uma única sociedade mundial que mais e mais demanda uma direção central para as questões concernentes a todo os humanos, como a alimentação, a água, a atmosfera, a saúde, a moradia, a educação, a comunicação e a salvaguarda da Terra" (BOFF, 1998, p. 38). Ele não diz "direção centralizada" nas mãos de poucos, mas "direção central". E logo a seguir explica, apostando que a globalização cooperativa superará a atual fase da globalização competitiva, sob o signo da ética e do senso da compaixão universal para "garantir o futuro do sistema-Terra".

Leonardo Boff acredita que estamos deixando a *era do tecnozoico* e entrando no *ecozoico*, utilizando as expressões de Thomas Berry. "De uma civilização tecnológica que tantos conhecimentos e comodidades nos trouxe, mas simultaneamente tantas destruições e ameaças produziu, estamos passando para uma civilização ecológica na qual a ciência e a técnica são incorporadas num modelo de desenvolvimento que se faz com a natureza e nunca contra ela. A relação inclusiva, a religação, o abraço, a reciprocidade, a complementaridade e a sinergia formam os eixos articuladores da nova civilização" (idem, ibid., p. 113). Estaríamos hoje no período da passagem civilizacional do local para o global, da política nacional para a política planetária, do bem comum humano para o bem comum planetário, da democracia para a biocracia, das sociedades nacionais para uma única sociedade mundial, que constitui a civilização planetária.

No prefácio escrito para o livro de Gaston Pineau, *De l'air:* essai sur l'écoformation, Gro Harlem Brundtland, que presidiu a Comissão Mundial sobre o Meio Ambiente e o Desenvolvimento (1984-7) da ONU, qualificou de essenciais **duas orientações** do relatório *Nosso Futuro Comum:* de um lado, "levar em conta a interdependência, frente aos problemas aos quais nós nos confrontamos, pessoas, grupos, grandes comunidades, nações, todos os humanos, finalmente, em escala planetária; e levar em conta também a interpenetração das dimensões múltiplas – econômicas, sociais, políticas, culturais, ambientais, etc. – numa problemática global que possa ajudar a melhor compreender as realidades presentes e a agir mais adequadamente". De outro lado, "e correlativamente, o apelo, com vistas a uma ação eficaz, a uma concertação que atravesse resolutamente as fronteiras, os muros levantados entre o Norte e o Sul, entre os países e as raças, entre os tomadores de decisões e os outros, os cientistas e os não cientistas [...] assim como entre as disciplinas e as profissões" (PINEAU, 1992, p. 12-3). A senhora Brundtland, reconhecidamente uma das maiores autoridades do mundo em Meio Ambiente, condiciona nosso futuro comum ao exercício da cidadania planetária. Sem uma concertação global os problemas do meio ambiente não serão solucionados. Esta foi também a conclusão principal da *Rio-92* e da *Rio+5*. Maior do que o desafio do meio ambiente é chegar a essa civilização planetária de que nos fala Leonardo Boff. E continua Brundtland: "A preservação do meio ambiente não pode ser a preocupação e a obra apenas dos ecologistas [...] e, às vezes, de políticos. O desenvolvimento não pode ser a preocupação e a obra apenas dos economistas [...] e, mais frequentemente, desta vez, dos políticos. Uma concertação transetorial, transdisciplinar e transprofissional impõe-se com muita urgência" (p. 13).

Esforços na direção de uma civilização planetária não faltam. Gostaria de citar um dos mais belos exemplos neste sentido: a *Aliança por Um Mundo Responsável e Solidário*. A Aliança, como é conhecida, surgiu no ano de 1986, na Suíça, e logo se espalhou pelo mundo, como rede de intercâmbio de experiências, com o objetivo de reunir pessoas para se dedicarem à reflexão e à ação sobre os riscos planetários decorrentes das atividades humanas. No Brasil, o grupo é representado por três instituições: a Fase (Federação de Órgãos para Assistência Social e Educacional) e Pacs (Instituto Políticas Alternativas para o Cone Sul), ambas do Rio de Janeiro; em São Paulo, pela

Polis (Instituto de Estudos, Formação e Assessoria em Políticas Sociais). Em 1988, o grupo lançou o "Apelo pelos Estados Gerais do Planeta", reunindo em torno dele numerosas personalidades de todos os continentes.

A Aliança parte do pressuposto de que vivemos **três desequilíbrios** maiores e inseparáveis, entre o norte e o sul do planeta; entre os ricos e os pobres no seio de cada sociedade; entre os seres humanos e a natureza. Esses desequilíbrios ameaçam o futuro do ser humano na Terra. Mas, como o futuro não é fatalidade, a Aliança propõe alguns **princípios** "capazes de guiar suas escolhas e suas decisões" em direção a um "mundo responsável e solidário" Fase/Pacs/Polis, 1996):

1º – *Princípio da salvaguarda:* A Terra que herdamos dos nossos antepassados não pertence só a nós; nós a devemos também às gerações futuras;

2º – *Princípio da humanidade:* A possibilidade de cada ser humano dispor do essencial e ter uma vida digna;

3º – *Princípio de responsabilidade:* Os indivíduos, as empresas, os Estados, os organismos internacionais devem assumir suas responsabilidades na construção de uma harmonia das sociedades e dos seres humanos entre si e com seu meio ambiente;

4º – *Princípio da moderação:* Devemos aprender a refrear nossa ambição;

5º – *Princípio da prudência:* As sociedades humanas só devem criar novos produtos ou novas técnicas depois de capacitarem-se para controlar seus riscos presentes e futuros;

6º – *Princípio da diversidade:* A diversidade das culturas, como a dos seres vivos, é um bem comum cuja preservação constitui um dever de todos os seres humanos;

7º – *Princípio da cidadania:* Devemos aprender a considerar-nos e a considerar todos os seres humanos como integrantes da imensa comunidade humana.

Diante das três crises que a humanidade está vivendo e com base nesses sete princípios, a Aliança por Um Mundo Responsável e Solidário se propõe a agir amplamente tanto no âmbito da conscientização das pessoas quanto no das empresas, municipalidades e coletividades territoriais, envolvendo seus dirigentes, quadros e assalariados, em nível regional e mundial, na construção de uma progressiva mudança na visão comum do futuro, desenvolvendo principalmente redes de trocas de experiências. A Aliança vem atuando com programas mobilizadores, enfrentando desafios muito concretos, referentes, por exemplo, à questão da água, da energia, dos solos, à reabilitação de áreas degradadas e à conversão de indústrias de armamentos.

Desde 1992, usamos com frequência a expressão "**nós, povos da Terra**". É assim que começa nosso compromisso com a *Carta da Terra*. Ela deixa muito claro quais são os sujeitos que se comprometem com os princípios e valores da *Carta da Terra* e precisa, "nos comprometemos como indivíduos, organizações, empresas de negócios, comunidades e nações". Em outras partes são mencionados também os Estados e governos, mas na base está o cidadão do mundo, as pessoas, os seres que habitam a Terra e que se responsabilizam por deixá-la melhor do que a encontraram.

Quem somos nós? Como nos encontramos neste início de milênio? Eis alguns **dados**, frequentemente divulgados por organismos internacionais como o Unicef e que nos fazem ponderar. Eis o que herdamos do segundo milênio e que devemos ter por base ao pensar numa outra civilização:

- *5,77 bilhões de pessoas habitam a Terra.*
- *1,15 bilhão vivem no hemisfério norte, nos países industrializados.*
- *4,62 bilhões vivem no hemisfério sul, países pobres, "em desenvolvimento".*
- *1,6 bilhão estão em situação pior do que há 15 anos.*
- *1,44 bilhão vivem abaixo do nível de pobreza, quer dizer, 25% da população total.*
- *1,3 bilhão de pessoas têm menos de um dólar por dia para viver, nos países do sul; 110 milhões, na América; 220 milhões, na África; e 970 milhões, na Ásia.*
- *1 bilhão de pessoas são analfabetas, das quais 600 milhões são mulheres.*
- *1 bilhão de pessoas sobrevivem sem água potável.*
- *800 milhões sofrem de desnutrição crônica.*
- *500 milhões de mulheres de todo o mundo vivem na miséria.*
- *200 milhões de crianças menores de 5 anos são desnutridas.*
- *100 milhões têm menos de 15 dólares por dia para viver. São os pobres dos países do hemisfério norte. Esse hemisfério tem 35 milhões de desempregados, que, porém, recebem ajuda financeira dos Estados.*
- *11 milhões de crianças morrem anualmente de desnutrição.*
- *89 países estão em situação pior do que há dez anos.*

- *70 países têm receita menor do que nas décadas de 1960 e 1970.*
- *Há um médico para cada 6 mil pessoas no hemisfério sul, enquanto no norte há um médico para cada 350 pessoas.*
- *Entre 1980 e 1993, 82% de todos os empregos novos na América Latina foram gerados pela chamada economia informal.*
- *Cerca de 56% do total de empregos nos centros urbanos da América Latina estão no setor informal, que não para de crescer, segundo a Organização Internacional do Trabalho. De cada dez postos de trabalho criados, só dois são do setor formal; os oito restantes são de trabalho sem contrato, autônomo ou terceirizado.*
- *As posses de 349 multimilionários de todo o mundo são maiores que a renda atual de 45% da população mundial, ou seja, 349 pessoas recebem mais que 2,59 bilhões de pessoas.*
- *Nos últimos 30 anos, a participação na renda mundial dos 20% mais pobres do mundo caiu de 2,3% para 1,4%, e os 20% mais ricos do mundo (230 milhões de pessoas) têm renda 60 vezes maior que a dos pobres – quer dizer, a renda de 4,62 bilhões de habitantes do hemisfério sul.*
- *Em 1998, a receita de 18 países da América Latina foi inferior à que tinham há dez anos.*
- *Segundo o Banco Mundial, um entre três latino-americanos é pobre, e 18% da população da América Latina (86 milhões de pessoas) está na miséria, ou seja, sobrevive com uma renda máxima de um dólar por dia.*
- *A continuar assim, o número de pobres da América Latina crescerá ao ritmo de um milhão por ano. A cada minuto surgem mais dois pobres.*

Esses são os desafios que uma civilização planetária precisa enfrentar. Os dados falam por si.

O livro *Ecopedagogia e cidadania planetária,* de Francisco Gutiérrez e Cruz Prado, está abrindo uma discussão nova na pedagogia contemporânea. Os autores nos brindaram com um texto claro, didático, pedagógico, abordando tanto o referencial teórico quanto a prática da ecopedagogia. Ele tem nos orientado nesta busca por entender e construir uma educação verdadeiramente sustentável. Os autores deste livro apresentam as "novas categorias interpretativas" da cidadania ambiental e planetária e os indicadores práticos do processo educativo, com "sugestões para a reflexão pessoal e para o debate em grupo". Eles não querem simplesmente apresentar princípios. Eles apresentam estratégias e propostas, um manual prático para saber como podemos, concretamente, aprender e ensinar ecopedagogia. A preo-cupação deles é essencialmente pedagógica, mas sustentada num novo paradigma teórico, o **paradigma da complexidade**.

Nos últimos anos, novos estudos, tendo por base a reflexão sobre os fun-damentos filosóficos da questão ambiental, têm aparecido no Brasil, como o de Marcelo Luiz Pelizzoli (1999) e Héctor Ricardo Leis (1999), e no exte-rior (Altvater, 1995; Schmied-Kowarzik, 1999), apontando para a emer-gência de um **novo paradigma civilizatório**, fundado na ética e na ecologia, acentuando a necessidade de uma vida mais "convivial" (ILLICH, 1973).

Para a construção desse novo paradigma muito contribuíram a física quântica e a microbiologia. O termo "sustentabilidade", assumida pela ecologia e depois por outras ciências, teve origem em descobertas da biologia. Seguindo Francisco Gutiérrez (1999, p. 76), "a realidade descoberta pela física quântica não está regida pelas leis mecânicas e lineares, mas pelos princípios de abertura, relatividade, complementaridade, inter-relaciona-lidade e auto-organização. O paradigma da nova ciência fundamenta-se muito mais nos processos que nos produtos. Além disso, são os processos dinâmicos concordantes e harmônicos os primeiros produtos aos quais devemos apontar com insistência". E conclui mais à frente: "Precisamos, mais do que perseguir objetivos (econômicos), viver processos que favoreçam a flexibilidade, a abertura, o frescor e o contato sensível, profundo e limpo com os seres e as coisas. É necessário outro modo de vida e a busca de uma sociedade que seja sustentável para todos. Uma sociedade susten-tável que não seja resultado das leis do mercado, mas das mudanças de valores"(idem, ibid., p. 107)

"Por que não salvar as pessoas antes de salvar o planeta?", perguntou-me um aluno do curso de pós-graduação em educação da Universidade de São Paulo. Concordei com a pergunta; aliás, pergunta que fiz a mim mesmo tantas vezes. Os ecologistas têm argumentado, com razão, que a degradação do planeta atinge principalmente os mais pobres, que não podem proteger-se. O que já não ocorre com os ricos, que podem, por exemplo, fugir da poluição urbana para uma casa de campo. As pessoas e o planeta precisam ser salvos no mesmo projeto de futuro da própria humanidade.

É importante que essa e outras questões sejam colocadas, que a discussão continue em todos os espaços possíveis para que os direitos da cidadania planetária sejam conquistados e mantidos.

Como se situa o **movimento ecológico** diante desse tema? É importante notar, como o fez Alícia Bárcena, que "a formação de uma cidadania ambiental é um componente estratégico do processo de construção da democracia" (GUTIÉRREZ, 1999, p. 16). Para ela, a cidadania ambiental é verdadeiramente planetária, pois no movimento ecológico o local e o global se interligam. A derrubada da Floresta Amazônica não é apenas um fato local, é um atentado contra a cidadania planetária.

O ecologismo tem muitos e reconhecidos méritos na colocação do tema da planetaridade. Foi pioneiro na extensão do conceito de cidadania no contexto da globalização e também na prática de uma cidadania global, de tal modo que hoje cidadania global e ecologismo fazem parte do mesmo campo de ação social, do mesmo campo de aspirações e sensibilidades. Porém, a cidadania planetária não pode ser apenas ambiental, já que existem agências de caráter global com políticas ambientais que sustentam a globalização capitalista. Uma coisa é ser cidadão da Terra e outra é ser capitalista da Terra. A construção de uma cidadania planetária tem ainda um longo caminho a percorrer no interior da globalização capitalista.

A concentração de renda provocada pela globalização capitalista é, em si mesma, um empecilho ao desenvolvimento de uma cidadania planetária. Como dizem Cruz Prado e Francisco Gutiérrez, "ao que tudo indica, propriedades concentradas nas mãos de um reduzido número de indivíduos estão ligadas a um reduzido interesse e preocupação pelo desenvolvimento da cidadania planetária; por outro lado, as propriedades compartilhadas comunitária e coletivamente correspondem a maiores possibilidades de conformar a nova sociedade planetária" (1999, p. 79). Segundo eles, as micro-organizações autônomas e produtivas constituem-se em alternativas para o saque do planeta provocado pelas grandes corporações multinacionais e pelos mercados globais. A razão é simples: para elas "interessa muito mais a eficiência que a liberdade, e a produção e o consumo mais que o desenvolvimento do ser humano" (idem, ibid.).

A cidadania planetária deverá ter como foco a superação da desigualdade, a eliminação das sangrentas *diferenças econômicas* e a integração da *diversidade cultural* da humanidade e a eliminação das diferenças econômicas. Não se pode falar em cidadania planetária ou global sem uma efetiva cidadania na esfera local e nacional. Uma cidadania planetária é por essência uma **cidadania integral,** portanto, uma cidadania ativa e plena não apenas nos direitos sociais, políticos, culturais e institucionais, mas também econômico-financeiros.

A cidadania planetária implica também a existência de uma democracia planetária. Portanto, ao contrário do que sustentam os neoliberais, estamos muito longe de uma efetiva cidadania planetária. Ela ainda permanece como projeto humano, inalcançável se for limitada apenas ao desenvolvimento tecnológico. Ela precisa fazer parte do próprio projeto da humanidade como um todo. Ela não será uma mera consequência ou um subproduto da tecnologia ou da globalização econômica.

"Meu novo paradigma é a Terra vista pelos astronautas. Os homens vistos em uma única comunidade", tem afirmado Leonardo Boff. Perguntaram a ele se, assumindo esse novo paradigma, ele não estaria abandonando o da causa dos pobres (Teologia da Libertação). No livro *Ecologia, grito da Terra, grito dos pobres,* ele responde a essa pergunta, afirmando que a causa de fundo da ecologia e da Teologia da Libertação é a mesma: a lógica que explora as classes sociais – que cria pobres e oprimidos – é a mesma que explora a natureza e exaure seus recursos. A opção pelos pobres é a opção pela Terra, que é o grande pobre. Educar para a cidadania planetária supõe o reconhecimento de uma comunidade global, de uma sociedade civil planetária.

As exigências da sociedade planetária devem ser trabalhadas pedagogicamente a partir da **vida cotidiana**, a partir das necessidades e interesses das pessoas. Para Francisco Gutiérrez (1999, p. 65), educar para a cidadania planetária supõe o desenvolvimento de **novas capacidades**, tais como:

1 – sentir, intuir, vibrar emocionalmente (emocionar);

2 – imaginar, inventar, criar e recriar;

3 – relacionar e interconectar-se, auto-organizar-se;

4 – informar-se, comunicar-se, expressar-se;

5 – localizar, processar e utilizar a imensa informação da "aldeia global";

6 – buscar causas e prever consequências;

7 – criticar, avaliar, sistematizar e tomar decisões;

8 – pensar em totalidade (holisticamente).

Uma educação para a cidadania planetária deveria nos levar à construção de uma **cultura da sustentabilidade**, isto é, uma biocultura, uma cultura da vida, da convivência harmônica entre os seres humanos e entre estes e a natureza (equilíbrio dinâmico). Paulo Freire nos falava de uma "racionalidade molhada de emoção". Morin nos fala de uma "lógica do vivente" contra a "racionalidade instrumental" evidenciada por Habermas. "A cultura da sustentabilidade deve nos levar a saber selecionar o que é realmente sustentável em nossas vidas, em contato com a vida dos outros. Só assim seremos cúmplices nos processos de promoção da vida. Criar vida é portanto criar a cultura da sustentabilidade" (GUTIÉRREZ e PRADO, 1999, p. 98).

Falamos com frequência do nascimento de uma nova **geração planetária** que estaria se formando hoje com novos valores e princípios. Certamente, vivemos um momento de crescimento da espiritualidade, de busca de novos valores. Ficamos perplexos diante de tantas mudanças, da tamanha insatisfação com a vida que levamos, seja em casa, seja no trabalho, seja na escola, no nosso dia a dia. Precisamos de um ponto de referência e não encontramos. Como novos nômades, buscamos aqui e ali. Será que a geração planetária não precisa de um ponto de referência? Um lugar para onde queremos voltar sempre? Uma toca na qual nos sentimos seguros?

Eis um exemplo que gostaria de mencionar. Com 23 anos de idade, Natalia Bernal já visitou 17 países e se considera uma "cidadã do mundo". Na qualidade de aluna da Universidade de Long Island (EUA), cursando Estudos Interdisciplinares com especialização em Educação Alternativa e Direitos da Criança, ela visitou o Instituto Paulo Freire nos primeiros meses do ano 2000, desenvolvendo aí várias pesquisas e realizando trabalho voluntário. Ela pertence a essa nova geração planetária que nasceu plugada no mundo. "Minha vida", diz ela, "é uma constante exploração, movida pelo sonho da transformação social e da ideia de paz na Terra. O que descobri é que a mais provocativa e influente mudança é a que ocorreu comigo mesma, a transformação pessoal. É somente através da constante análise crítica e modelagem das nossas próprias ações, esperanças e perspectivas que crescemos, aprendemos e podemos ensinar" (BERNAL, 2000, p.1).

Natalia Bernal, em sua reflexão sobre sua própria aquisição de uma **cidadania planetária**, constata que "desconstruiu muitas ilusões". Ela andou pelo mundo com o sonho de transformá-lo e, com esse desejo, acabou transformando-se a si mesma, aprendendo e ensinando. O mundo acabou sendo para ela uma grande escola, uma grande sala de aula, e todos os seres humanos que encontrou foram seus mestres. A mais importante transformação ocorreu nela mesma. Mas ela só pôde transformar-se porque estava aberta para a aprendizagem, reconhecendo os valores dos outros, sua opiniões e refletindo sobre eles. Esse processo de aprendizagem de novas culturas é muito bem descrito por Michel Serres em seu livro *Filosofia mestiça*. Segundo ele, só somos realmente educados quando conseguimos navegar de nossa cultura primeira para outras culturas, quando conseguimos viver outras culturas. Se a educação, como diz Kant, é uma segunda natureza, essa segunda natureza nos vem pela experiência e vivência de outras culturas.

Normalmente, quando visitamos outros países, chegamos a eles cheios de preconceitos, motivados pela exploração da mídia, pelos dogmas religiosos, pelo sensacionalismo, pela propaganda enganosa etc., como se cada lugar do mundo fosse totalmente diferente do outro e os seres humanos também. Natalia Bernal reconhece que "todos os seres humanos estão interconectados pelas mesmas necessidades básicas [...] Todo ser humano tem necessidade de crer, amar, tem necessidade da espiritualidade, de viver em comunhão com a natureza, ter compaixão, conhecer" (idem, ibid., p. 4). Essas necessidades básicas, inclusive as de aprendizagem, é que possibilitam a comunicação e a comunhão entre todos os homens e os tornam cidadãos do mesmo planeta.

Mas isso não é fácil, como diz Natalia. A experiência da cidadania planetária supõe uma **longa ascese**, disciplina, trabalho, atenção. "Às vezes", diz ela, "me senti desconfortável com a falta de estabilidade na minha vida; com a falta de proximidade da família, falta de amigos estáveis, falta de casa, falta de uma dieta estável" (idem, ibid., p. 3). Esta falta era compensada pela oportunidade de vivenciar uma "família global", pela possibilidade de se sentir "filha da Terra", de fazer amigos em muitas partes do mundo.

É possível ser cidadão do mundo ficando num único lugar, vivendo numa aldeia distante, sem ter a experiência da Natalia? Parece claro que a experiência da Natália é extraordinária e, acima de tudo, uma opção de vida pessoal. Nem todos podem e nem todos necessitam viajar pelo mundo para ser cidadão do mundo. O contato *vis-à-vie*, *tête-à-tête* é fascinante para qualquer um, mas não precisamos certamente viajar por todo o mundo para nos sentir filhos da Mãe-Terra. Nem isso é suficiente. Há muitas pessoas que já viajaram pelo mundo todo e nunca chegaram a construir sua cidadania planetária. A cidadania planetária vem de dentro, do coração e da mente, da ligação profunda com a Mãe-Terra. É acima de tudo uma ligação fundamental e ancestral com ela. Por isso, podemos ser cidadãos do mundo sem nunca ter saído de nossa aldeia.

Como destacou Natalia no seu texto, escrito durante sua permanência no Instituto Paulo Freire, a conquista da cidadania planetária é um processo que encontra dificuldades nos limites, nas fronteiras que estão, sobretudo, dentro de nós mesmos, nos nossos próprios medos, ansiedades, insegurança. "O medo", diz ela, "é a emoção mais paralizante que existe e tem a capacidade de controlar, limitar e manipular nossas ações e nossos pensamentos" (idem, ibid., p.5). O pior de todos os medos é o **medo de mudar**. Para não mudar procuramos desvalorizar o que não pertence à nossa cultura originária, ao nosso grupo social, o que contraria nossos hábitos, nossos costumes, nosso modo de vida. É mais cômodo permanecer adormecidos nos braços da nossa própria cultura. Nos dá mais segurança depender apenas do que já somos. Por isso, parece que as crianças e jovens das novas gerações estariam mais abertos para a cidadania planetária do que as gerações adultas.

Leitura

O HOMEM, AS VIAGENS

Carlos Drummond de Andrade

O homem, bicho da Terra tão pequeno
chateia-se na Terra
lugar de muita miséria e pouca diversão, faz
um foguete, uma cápsula, um módulo
toca para a Lua
pisa na Lua
planta bandeirola na Lua
experimenta a Lua
coloniza a Lua
civiliza a Lua
humaniza a Lua.

Lua humanizada, tão igual à Terra.
O homem chateia-se na Lua.
Vamos para Marte — ordena a suas máquinas.
Elas obedecem, o homem desce em Marte
pisa em Marte
experimenta
coloniza
civiliza
humaniza Marte com engenho e arte.
Marte humanizado, que lugar quadrado.
Vamos a outra parte?
Claro — diz o engenho
sofisticado e dócil.
Vamos a Vênus.
O homem põe o pé em Vênus,
vê o visto — é isto?
idem
idem
idem.

O homem funde a cuca se não for a Júpiter
proclamar justiça junto com injustiça
repetir a fossa
repetir o inquieto
repetitório.

Outros planetas restam para outras colônias.
O espaço todo vira Terra-a-terra.
O homem chega ao Sol ou dá uma volta
só para tever?
Não-vê que ele inventa
roupa insiderável de viver no Sol.
Põe o pé e;
mas que chato é o Sol, falso touro
espanhol domado.

Restam outros sistemas fora
do solar a colonizar.

Ao acabarem todos
só resta ao homem
(estará equipado?)
a dificílima dengerosíssima viagem
de si a si mesmo
pôr o pé no chão
do seu coração
experimentar
colonizar
civilizar
humanizar
o homem
descobrindo em suas próprias inexploradas
entranhas
a perene, insuspeitada alegria
de con-viver.

Questões para reflexão e aprofundamento dos temas

1 – *Como poderíamos transformar a globalização competitiva em uma globalização cooperativa?*

2 – *Na reeducação do olhar sobre o planeta, qual a importância de observarmos as desigualdades sociais e ambiental em nossas comunidades?*

3 – *Como expandir o nosso olhar para vermos que nossas ações cotidianas repercutem na nossa comunidade e no planeta?*

4 – *O sentimento de humildade com relação ao planeta Terra é expressado pela maioria das pessoas? Que valor tem esse sentimento?*

5 – *O que é a cultura da sustentabilidade?*

6 – *Você acredita na possibilidade de construção de um mundo responsável e solidário? O que pode ser feito para isso?*

7 – *Como sair de uma cultura de desperdício para uma cultura que se preocupa em reaproveitar objetos e materiais e que não considera o velho como algo sem valor?*

8 – *Explique como o neoliberalismo procura destruir a comunidade para construir o indivíduo. Quais são as manifestações do neoliberalismo no seu país?*

9 – *No poema de Carlos Drummond de Andrade, há uma crítica ao modo de desenvolvimento da humanidade. Como poderemos, inspirados na ecopedagogia, transformar esse modelo?*

10 – *Qual o valor que o poeta dá "à viagem de si a si mesmo"?*

Capítulo 7
MOVIMENTO PELA ECOPEDAGOGIA

De tudo ficaram três coisas: a certeza
de que estava sempre começando,
a certeza de que era preciso continuar e
a certeza de que seria interrompido
antes de terminar.

Fazer da interrupção um caminho novo,
fazer da queda, um passo de dança,
do medo, uma escada, do sonho,
uma ponte, da procura, um encontro.

Fernando Pessoa

té agora tentamos mostrar, de um lado, as *categorias* que podem nos ajudar hoje na leitura de mundo da educação do futuro e, de outro, o *movimento sócio-histórico* no qual a ecopedagogia surgiu. O movimento ecológico e o da *Carta da Terra* fazem parte dele. Esperamos que tenham ficado claras pelos menos duas categorias de **pedagogia da Terra**: planetaridade e sustentabilidade. O referencial teórico-prático da ecopedagogia, porém, é mais amplo. Como o demonstra Francisco Gutiérrez e Cruz Prado, há um **novo paradigma** em gestação, no qual se inspira a ecopedagogia.

Segundo Leonardo Boff (1999), existem dois modos de ser-no-mundo: o **trabalho,** pelo qual modelamos e intervimos no mundo, e o **cuidado,** pelo qual nos sentimos responsáveis por ele. O cuidado exige ternura, carinho, afeto, compaixão e renúncia ao seu domínio e "serve de crítica à nossa civilização agonizante e também de princípio inspirador de um novo paradigma de convivialidade" (BOFF, 1999, p. 13). Eles não são modos de ser antagônicos. Eles são complementares e podem constituir-se na base de sustentação da ecopedagogia, entre outros.

Essa **travessia de milênio** caracteriza-se por um enorme avanço tecnológico e também por uma enorme imaturidade política: enquanto a Internet nos coloca no centro da era da informação, o governo humano continua muito pobre, gerando misérias e deterioração. Podemos destruir toda a vida do planeta. Quinhentas empresas transnacionais controlam 25% da atividade econômica mundial e 80% das inovações tecnológicas. A globalização econômica capitalista enfraqueceu os Estados nacionais, impondo limites para a sua autonomia, subordinando-os à lógica econômica das transnacionais. Gigantescas dívidas externas governam países e impedem a implantação de políticas sociais equalizadoras. As empresas transnacionais trabalham para 10% da população mundial, que se situa nos países mais ricos, gerando uma tremenda exclusão. Esse é o cenário da travessia, um cenário ainda mais problemático pela falta de alternativas.

Os **paradigmas clássicos** estão se esgotando. Não conseguem explicar essa travessia, muito menos passar por ela. Há uma crise de inteligibilidade, diante da qual muitos falsos profetas e charlatões oferecem soluções mágicas. Uma nova espiritualidade surge muito bem aproveitada pelas mercorreligiões. A resposta dada pelo estatismo socialista burocrático e autoritário é tão ineficiente quanto o neoliberalismo do deus mercado é injusto e, como diz Ladislau Dowbor (1998, p. 11), não correspondem "às novas exigências de regulação social". O neoliberalismo propõe mais poder para as transnacionais e a esquerda estatista, para o Estado, reforçando as suas estruturas. No meio de tudo isso está o cidadão comum, que não é nem empresário nem Estado. A resposta parece estar além destes dois modelos clássicos: fortalecer o controle cidadão diante do Estado e do mercado e a capacidade de a sociedade governar-se e controlar o seu desenvolvimento. Aqui entra o papel importante da educação, da formação para a cidadania ativa.

Terão desaparecido as **utopias** de libertação dos anos 1960? Alguns sustentam hoje que precisamos retomá-las. Elas fracassaram justamente porque estavam certas: a modernidade que elas denunciavam sufocou a subjetividade (socialismo real) e o seu fracasso prova a necessidade de continuar o mesmo combate por um mundo justo, produtivo, num ambiente sustentável. Os anos 1960 não teriam terminado e o novo paradigma não seria tão novo.

Boaventura de Sousa Santos, em seu livro *Pela mão de Alice,* nos propõe uma saída: a "democracia ecossocialista". Para ele, no final de século, a única utopia possível era a utopia ecológica e democrática justamente porque chegamos ao limite entre um ecossistema finito e uma acumulação capitalista tendenciosamente infinita. "O **paradigma capital expansionista** [grifo do autor] é o paradigma dominante e tem as seguintes características gerais: o desenvolvimento social é medido essencialmente pelo crescimento econômico; o crescimento econômico é contínuo e assenta na industrialização e no desenvolvimento tecnológico virtualmente infinitos; é total a descontinuidade entre a natureza e a sociedade [...] a produção que garante a continuidade da transformação social assenta na propriedade privada [...] O modelo de transformação social proposto por Marx partilha as três primeiras características, pelo que se pode considerar um modelo subparadigmático, situado na zona cinzenta, intermédia. O **paradigma ecossocialista** [grifo do autor] é o paradigma emergente e, tal como eu o concebo, tem as seguintes características: desenvolvimento social afere-se pelo modo como são satisfeitas as necessidades humanas fundamentais e é tanto maior, a nível global, quanto mais diverso e menos desigual; a natureza é a segunda natureza da sociedade e, como tal, sem se confundir com ela, tampouco lhe é descontínua; deve haver um estrito equilíbrio entre três formas principais de propriedade: a individual, a comunitária e a estatal [...] (SANTOS,1995, p. 336). Boaventura de Sousa Santos afirma que o paradigma ecossocialista assenta em tradições muito variadas como o socialismo utópico e o marxismo, bem como em tradições não europeias como as culturas hindus, chinesas e africanas, a cultura islâmica e as culturas dos povos nativos americanos.

Reunidos em Cuiabá (MT), no início de dezembro de 1998, delegados de quase todos os países da América Latina iniciaram o processo de sistematização da *Carta da Terra Latino-Americana*, lançando uma minuta de referência na qual afirmam que a "ética impulsará a integração das dimensões social, econômica, política, ambiental e cultural, como fundamentos do desenvolvimento sustentável". Os signatários desse documento comprometem-se a guiar suas vidas pelos seguintes **princípios:**

1 – Respeito: A terra, a vida, a espiritualidade e a diversidade cultural.

2 – Solidariedade: Traduzida em práticas de apoio, cooperação, comunicação e diálogo.

3 – Igualdade: Para a eliminação das desigualdades por meio da democratização de oportunidades, a satisfação das necessidades humanas de gerações presentes e futuras e a superação de todo tipo de discriminação.

4 – Justiça: Para afirmar os direitos e deveres da humanidade e toda a sua diversidade.

5 – Participação: Para fortalecer a democracia, garantir a governabilidade, facilitando a autodeterminação ao tomar decisões.

6 – Paz e segurança: Não unicamente com a ausência de violência, se não com o equilíbrio das relações humanas e também com a natureza.

7 – Honestidade: Como base para afiançar a transparência e confiança.

8 – Conservação: Para garantir a existência da vida e da Terra e a preservação do patrimônio natural, cultural e histórico.

9 – Precauções: Com a obrigação de prever e tomar decisões com base no curso de ação que cause menos danos e menor impacto.

10 – Amor: Como fundamento para uma relação harmoniosa e afetiva que fomente o compromisso e a responsabilidade com a ação.

Esse é um exemplo do processo da *Carta da Terra*, que está gerando novas atitudes e comportamentos como resultado de um movimento que ultrapassa a educação formal e que, aos poucos, vai constituindo essa necessária cultura da sustentabilidade. A prática e a luta político-ecológica estão consagrando um novo paradigma e servindo de quadro teórico também para a Pedagogia da Terra.

Outros **valores** e compromissos vão se construindo, no processo, por um planeta e uma vida mais sustentável, levados à frente pelo movimento ecológico, tais como (KRANZ, 1995, p. 35-9):

1 – Prevenção: É mais barato prevenir a degradação do que consertar o estrago.

2 – Precaução: Avaliar as consequências, o impacto ambiental de uma ação.

3 – Cooperação de todos no planejamento e na implementação de ações ambientais (participação).

4 – Compromisso com a melhoria contínua, dentro do ecossistema.

5 – Responsabilidade: Os governos locais são responsáveis perante as comunidades que servem.

6 – Transparência e democracia: A comunidade deve ter o controle.

Podemos dizer que há uma comunidade sustentável que vive em harmonia com o seu meio ambiente, não causando danos a outras comunidades, nem para as de hoje, e nem para as de amanhã. E isso não se pode constituir apenas num compromisso ecológico, mas ético-político, alimentado por uma pedagogia, isto é, por uma ciência da educação e uma prática social definida. Nesse sentido, a ecopedagogia, inserida nesse **movimento sócio-histórico**, formando cidadãos capazes de escolherem os indicadores de qualidade do seu futuro, se constitui numa pedagogia inteiramente nova e intensamente democrática.

Onde buscar um **referencial teórico** para a pedagogia da Terra? Quais são os seus fundamentos? As referências dessa pedagogia são ainda imprecisas e bebem em diversas fontes. Paulo Freire é uma dessas fontes. Ele pode ser considerado um dos **inspiradores da ecopedagogia** com o seu método de aprendizagem a partir do cotidiano. São princípios fundamentais da *pedagogia freireana*:

1 – Partir das necessidades dos alunos (curiosidade).

2 – Relação dialógica professor-aluno.

3 – Educação como produção e não como transmissão e acumulação de conhecimentos.

4 – Educação para a liberdade (escola cidadã e pedagogia da autonomia).

Esses princípios estão presentes nos primeiros escritos sobre ecopedagogia. Algumas das intuições originais de Paulo Freire, de ontem, parecem inspirar a ecopedagogia de hoje:

1 – A ênfase nas condições gnosiológicas da prática educativa.

2 – A defesa da educação como um ato de diálogo no descobrimento rigoroso, porém, por sua vez, imaginativo, da razão de ser das coisas.

3 – A noção de uma ciência aberta às necessidades populares.

4 – Um planejamento comunitário e participativo.

Como afirma Ladislau Dowbor no prefácio do livro *À sombra desta mangueira*, Paulo Freire, num universo de tantas inovações tecnológicas, nos chama a atenção para a sombra da mangueira, o ar puro, a água limpa, a rua para brincar e passear, a fruta tirada do pé, pisar na grama descalço... O capitalismo tem necessidade de substituir essas felicidades gratuitas por felicidades vendidas e compradas. Paulo Freire reclama a volta a essas felicidades, a volta ao ser humano completo, com os cheiros, os sabores da mangueira, da vida completa, cheia de emoções e de solidariedade.

Do que vimos até agora podemos afirmar que são **princípios** da ecopedagogia, de uma pedagogia da terra:

1 – O planeta como uma única comunidade.

2 – A Terra como mãe, organismo vivo e em evolução.

3 – Uma nova consciência que sabe o que é sustentável, apropriado, faz sentido para a nossa existência.

4 – A ternura para com essa casa. Nosso endereço é a Terra.

5 – A justiça sociocósmica: a Terra é um grande pobre, o maior de todos os pobres.

6 – Uma pedagogia biófila (que promove a vida): envolver-se, comunicarse, compartilhar, problematizar, relacionar-se, entusiasmar-se.

7 – Uma concepção do conhecimento que admite só ser integral quando compartilhado.

8 – O caminhar com sentido (vida cotidiana).

9 – Uma racionalidade intuitiva e comunicativa: afetiva, não instrumental.

10 – Novas atitudes: reeducar o olhar, o coração.

11 – Cultura da sustentabilidade: ecoformação. Ampliar nosso ponto de vista.

As pedagogias clássicas eram antropocêntricas. A ecopedagogia parte de uma consciência planetária (gêneros, espécies, reinos, educação formal, informal e não formal). Ampliamos o nosso ponto de vista. Do homem para o planeta, acima de gêneros, espécies e reinos. De uma visão antropocêntrica para uma consciência planetária, para uma prática de cidadania planetária e para uma nova referência ética e social: a civilização planetária.

Vivemos numa época de **transição paradigmática** da sociedade e da escola. A chamada "esquerda" está em crise de busca, dentro de suas convicções, de um novo *quadro teórico* que supere o dilúvio neoliberal atual. Isso significa que devemos abandonar nossos sonhos de igualdade e justiça e decretar o fim da história? Não. Ao contrário, nesse contexto de crise paradigmática, precisamos fazer valer as nossas utopias de sempre, como o espaço público não estatal, criado por iniciativas, entre outras, como a do orçamento participativo da Prefeitura Municipal de Porto Alegre. A descentralização, a autonomia e a participação também são aceitas pelos neoliberais. Porém eles as utilizam com outra lógica de poder. Nós a utilizamos na construção da contra-hegemonia neoliberal. Os referenciais devem ser buscados tanto na teoria como nas práticas concretas de um novo paradigma que é ao mesmo tempo filosófico e sócio-histórico.

As relações entre Estado e sociedade estão evoluindo no sentido indicado por Habermas no que ele chama de "paradigma da ação comunicativa" e que Paulo Freire chama de "paradigma da ação dialógica". A **parceria** entre Estado e movimentos sociais populares, como a que foi realizada pela Prefeitura Municipal de São Paulo (1989-92) com o Programa Mova-SP (Movimento de Alfabetização da Cidade de São Paulo), é uma demonstração disso (GADOTTI, 1996). O *paradigma do conflito* (Marx) que orientava nossa ação durante o capitalismo concorrencial parece menos eficaz hoje, no contexto do capitalismo monopolista e globalizado, do que o **paradigma**

da ação comunicativa (Habermas). Talvez precisemos articular ambos, já que a crise não é apenas de paradigmas, mas da própria noção de paradigma como uma visão totalizadora do mundo.

Afirmar a necessidade da ação comunicativa não significa que negamos a existência dos conflitos de classe. Eles continuam existindo enquanto houver classes sociais. Apenas que a **participação citadina**, diante das tradições estatistas, centralizadoras, patrimonialistas e dos padrões de relação clientelistas, meritocráticos, no Estado moderno, tornou-se um instrumento mais eficaz para reforçar os **laços de solidariedade** e criar a contra-hegemonia, do que nossas antigas estratégias de fortalecimento burocrático do Estado. Entre o Estado mínimo e o Estado máximo, existe o Estado "necessário", como costuma nos dizer nosso colega do Instituto Paulo Freire, o cientista político José Eustáquio Romão.

O Estado pode e deve fazer muito mais no que se refere à **educação ambiental**. Mas, sem a participação da sociedade e uma formação comunitária para a cidadania ambiental, a ação do Estado será muito limitada. Cada vez mais, neste campo, a participação e a iniciativa das pessoas e da sociedade é decisiva.

Não se pode dizer que a ecopedagogia representa já uma tendência concreta e notável na prática da educação brasileira. Se ela já tivesse suas categorias definidas e elaboradas, ela estaria totalmente equivocada, pois uma perspectiva pedagógica não pode nascer de um discurso elaborado por especialistas. Ao contrário, o discurso pedagógico elaborado é que nasce de uma prática concreta, testada e comprovada. Assim, o que podemos fazer no momento é apenas apontar algumas pistas, algumas **experiências**, realizadas ou em andamento, que indicam uma certa direção a seguir. E esperar que os pesquisadores atentem para essa realidade, investiguem-na, possam compreendê-la com mais profundidade e elaborar sua teoria.

Além dos exemplos apontados acima, gostaria de mencionar mais dois: o trabalho desenvolvido no município de Diadema (SP) e o realizado pela Creche Oeste da Universidade de São Paulo. São exemplos singelos entre centenas de outros semelhantes que poderíamos citar.

O projeto *Uma Fruta no Quintal* da Prefeitura Municipal de Diadema distribui aos alunos de escolas do ensino fundamental sementes gratuitas de árvores frutíferas, proliferando mais verde na cidade e conscientizando as crianças sobre a importância das árvores e a necessidade de melhorar o meio ambiente. Toda uma programação, que envolve teatro, discussão nas escolas, festividades, danças etc. envolve a implementação do projeto, visando à formação da consciência ecológica. As mães dos alunos são convocadas para cursos de reaproveitamento de alimentos, recebendo uma cartilha e aprendendo a reutilizar sobras, cascas de alimentos e utilizar as frutas da época. É um exemplo, entre tantos que poderiam ser citados, da importância da escola e do papel do Estado na educação ambiental. "É urgente que os processos educativos sejam mais abrangentes e essenciais cuidando prioritariamente da ampliação da consciência humana, possibilitando a percepção profunda da nossa condição de guardiães da vida na Terra. A consciência ecológica emergirá espontaneamente quando o sentido da unidade for tocado, ou seja, quando cada criatura sentir-se verdadeiramente vinculada a todas as formas de vida e aos mistérios da existência [...] A criança traz em si o forte vínculo com a natureza e está espontaneamente aberta para tornar-se aprendiz de seus ensinamentos, basta que seja orientada para isso. A infância é um terreno fértil para desenvolver o aprendizado da harmonia entre as diversas formas de vida na Terra" (Izenildes Lima, coordenadora de Ações Educativas da Fundação Terra Mirim, in IPF, 1999, p. 19).

A Creche Oeste da USP atende filhos de funcionários, de docentes e de alunos com idade entre 4 meses e 7 anos. Com restos de comida que sobram das refeições das crianças, esta creche criou uma composteira (projeto *USP Recicla*). Os restos orgânicos correspondem a 90% dos resíduos da creche. Todos os integrantes desta creche estão envolvidos neste processo de transformação de algo que era desprezado, "jogado fora", em algo que fortalece e condiciona o solo. Crianças e adultos participam de todas as etapas do processo de compostagem, desde a separação dos resíduos orgânicos até o ensacamento do composto já pronto e com cheiro de terra. Assim, refletem sobre o desperdício, sobre a reutilização de algo que era desprezado, vivenciam valores e sentimentos de cooperação e efetivamente preservam e melhoram o meio ambiente.

O filósofo francês Michel Maffesoli (1976) nos fala de *poder* e *potência*, indicando, pela primeira, o exercício da dominação político-econômica e, pela segunda, a resistência na sociedade civil que se manifesta positivamente pela participação. Exemplos como os citados acima, brevemente descritos, nos mostram um **movimento vivo** e que parece representar muito bem essa potência. Eis um outro exemplo singelo e diferente dessa potência, nascida de uma consciência planetária.

Na semana do dia 5 de junho de 1996, Dia Mundial do Meio Ambiente, foi distribuído um cartão-postal dos professores e estudantes de Itabirito (MG), com os seguintes dizeres:

Rio São Bartolomeu

Bartolomeu foi nome de batismo. Era belo e límpido, junto de ti brincavam as crianças, bebia a criação, lavavam as mães as roupas.

Cresceu e tornou-se São Bartolomeu.

Andei nas suas margens e em suas águas. Vi turvos os nossos olhos, malcheirosos os nossos lixos, estúpidas as nossas atitudes.

És o reflexo de nós mesmos. Esta é a tua singularidade – refletir o que a tua volta está.

Andei nas suas margens e a sua volta. Vi as antenas "paranoicas" da paranoia coletiva. A TV a cabo dando cabo à vida. O lixo das ruas e as crianças do lixo...

Mas existe outra margem do rio. E é dela que queremos falar. Caminhar junto às vossas margens, ao teu lado, reaprendendo a olhar o céu refeito em ti.

A luz do sol. O sorriso das crianças, a alegria de brincar na água que só conhece quem já fez um dia.

Perdoai nossa estupidez. Aceitai de bom grado nossa vontade de ver refletido em vós a nossa consciência. Aprender de ti toda vossa sabedoria.

Que sejam todas as letras assim escritas, todas as pessoas que de boa vontade queiram caminhar nas vossas margens. A vossa bênção, Rio São Bartolomeu.

Poesia também é luta! Muitos são os meios e espaços possíveis para a construção de um planeta saudável. Nós os encontraremos mais facilmente se tivermos consciência ecológica. Todos os espaços são válidos para isso. Qualquer lugar do planeta, porque, como diz Fernando Pessoa: "Da minha aldeia vejo quanto da Terra se pode ver no Universo [...] Por isso a minha aldeia é tão grande como outra Terra qualquer. Porque eu sou do tamanho do que vejo e não do tamanho da minha altura".

As experiências surgidas em muitos lugares e que indicam o aparecimento de um novo movimento – por uma ecoeducação – caracterizam-se pela espontaneidade e pela diversidade. Veja-se ainda o caso da "Escola da Terra" da Fundação Peirópolis, dedicada a "promover a agricultura e pecuária do futuro", adequando sua proposta de "valores humanos" às atividades rurais e levando modernos conhecimentos aos jovens do campo, orientados pelos princípios do ecodesenvolvimento. Ela ajuda a construir uma base sólida, transformadora e humana nas comunidades rurais. A Escola da Terra tem sua primeira unidade em Peirópolis (Uberaba, MG) e outras em diferentes partes do país. Escolhendo tecnologias centradas na manutenção da vida, a Escola da Terra tem cursos programados em módulos de uma semana, recebendo os participantes em regime de imersão, internato e semi-internato. Os alunos ficam hospedados num ambiente acolhedor, com comida farta e saudável, numa convivência que promove a integração, a articulação de ideias, a troca de experiências e a criação de projetos.

Em julho de 1999, com base na obra de Francisco Gutiérrez e na consulta a vários membros do Instituto Paulo Freire, elaborei uma primeira minuta de referência da *Carta da Ecopedagogia*. Essa primeira versão agradou muito a Francisco Gutiérrez. Ela foi submetida aos primeiros inscritos do I Encontro Internacional da *Carta da Terra na Perspectiva da Educação*, organizado pelo Instituto Paulo Freire com o apoio do Conselho da Terra e da Unesco (São Paulo, 23 a 26 de agosto de 1999). Dessa consulta inicial saiu uma nova versão. Os participantes do encontro internacional, durante três dias, debateram esta nova versão da Carta, fizeram muitas sugestões e criaram o **Movimento pela Ecopedagogia**, indicando o Instituto Paulo Freire para secretariá-lo. A minuta da *Carta da Ecopedagogia*, por indicação dos participantes daquele encontro, continua como um documento aberto, um instrumento de trabalho para a construção de uma pedagogia da Terra. Para dar prosseguimento ao debate, incluo-a neste texto como leitura no final do capítulo.

Nesse encontro internacional, além dos debates teóricos, muitas experiências foram discutidas. Destaco aqui algumas delas, na expressão de seus expositores (IPF, 1999). Essa listagem mostra que o Movimento pela Ecopedagogia está nascendo forte, enraizado em práticas concretas.

O Projeto *Formação para a Cidadania Ativa*, do Pacs, vem formando agentes de desenvolvimento local com moradores/trabalhadores do bairro da Taquara, em Jacarepaguá, na zona oeste do Rio de Janeiro, desde 1996, articulando três eixos: geração de renda, educação e comunicação e articulação local.

O Projeto *Planeta Azul*, da zona oeste da cidade de São Paulo, busca semear ideias, implementar e implantar propostas, compartilhar experiências voltadas para a relação do homem com a sua morada, o planeta Terra.

Concretamente isto se dá por parcerias com órgãos governamentais, como secretarias de meio ambiente, coordenadorias, delegacias de ensino, movimentos populares, visitas constantes às escolas públicas estaduais, municipais, particulares [...], refletindo temas como, recursos naturais, coleta seletiva e reciclagem, poluição, desmatamento, violência, consciência corporal, animais em extinção, consumismo e valores éticos [...] numa perspectiva transdisciplinar, formando a consciência ecológica e planetária.

O Projeto *Escuela Verde* do Centro El Canelo de Nos, em San Bernardo (Chile), desenvolve um curso anual para jovens, capacitando-os como agentes da sociedade civil para que possam enfrentar problemas ambientais localmente, isto é, nas comunidades em que residem. Seu diretor, Roberto Orozco Canelo, considera que "a ecopedagogia se constitui numa ferramenta fundamental que pode favorecer a mudança de atitude e de conduta das novas gerações em relação à busca de um desenvolvimento harmônico que esteja em concordância com a perdurabilidade da vida em nosso planeta" (IPF, 1999, p. 11).

A Organização Brahma Kumaris de São Paulo possui um projeto chamado *Vivendo Valores na Educação*, dirigido principalmente para a escola de educação básica, com o objetivo de conscientizar a comunidade escolar sobre a importância de refletir e praticar os valores humanos na vida diária, dentro e fora da sala de aula, e gerar um ambiente sadio na escola com reflexos na vida familiar. Esses valores são: Paz, Liberdade, Amor, União, Honestidade e Respeito.

O programa de educação ambiental da Associação Projeto *Roda Viva*, do Rio de Janeiro, desenvolve uma metodologia de monitoramento da qualidade da água do Parque Estadual da Pedra Branca (RJ) em parceria com uma entidade canadense. O monitoramento representa a utilização de um instrumento educacional, comum aos dois países, capaz de estimular a investigação científica, pelo conhecimento da qualidade da água e produzir uma série de dados comparáveis entre si, possivelmente de utilidade internacional. Com o intercâmbio de experiências, métodos e valores sociais e culturais, este projeto traz na sua concepção o forte intuito de promover uma rede de pessoas e organizações interessadas em, partindo de uma ação local concreta, estabelecer conexões que permitem a elevação da consciência ambiental.

A Sociedade para a Defesa do Meio Ambiente de Piracicaba (Sodemap), no Estado de São Paulo, vem desenvolvendo **projetos de educação ambiental** junto a escolas de educação infantil, principalmente da periferia, sob a forma de experiências lúdicas expressas em linguagem oral, escrita, corporal, musical e plástica, aproximando educação ambiental e educação infantil. Esses projetos constituem-se em expressão coletiva, cultural e festiva de defesa de uma base ética de cuidados com a natureza e as pessoas e na difusão de ações para garantir a proteção e o desenvolvimento da criança.

O Projeto *Tom da mata*, programa de educação ambiental do Canal Futura de Televisão, estimula o desenvolvimento de atividades de proteção ao meio ambiente, em especial da Mata Atlântica – e educação musical, utilizando diferentes materiais educativos, métodos e inovações pedagógicas. A obra do maestro Tom Jobim e seu interesse pela Mata Atlântica são a base do projeto. Além da programação disponível a todos, os educadores das 400 escolas que integram o projeto recebem capacitação e material de apoio técnico e pedagógico para o desenvolvimento das ações na escola e comunidade.

O Projeto *Ecologia Integrativa* é desenvolvido há 7 anos pela Fundação Terra Mirim, de Salvador (BA), resultante de sua vivência e convívio comunitário. A Fundação considera que a natureza externa ao ser humano e a cultura surgida a partir da ação do homem sobre ela têm correspondência com a natureza íntima de cada ser e que a cura do planeta passa necessariamente pela cura do homem em todos os níveis, seu corpo físico (terra), seu corpo emocional (água), seu corpo mental (ar) e seu corpo espiritual (fogo).

O Projeto *Escola Bosque,* do Centro de Referência em Educação Ambiental do Amapá, promove alterações substanciais na rede formal de ensino, da educação infantil ao ensino médio, ao criar o *Método Socioambiental* para o ensino de disciplinas comuns e que, por força de exigência constitucional, formam a grade curricular das Escolas Bosques, acrescida de matérias tais como biologia, botânica, zoologia e línguas (francês, inglês e espanhol) para formação de um sistema de ensino que contemple a visão harmônica e dialética do homem e da natureza.

A *Rede Mulher de Educação* tem uma longa tradição de trabalho com educação popular ambiental, articulando profissionais universitários e de ONGs em trabalho conjunto com escolas, principalmente de periferias de áreas de mananciais. Como relata Maria Ruth Takahashi (IPF, 1999, p. 35), "neste processo, a educação ambiental tem sido de extrema importância para o envolvimento da população na construção de alternativas para os conflitos de uso e ocupação do solo, para o desenvolvimento e implantação de projetos de regeneração, enfim, na preservação da qualidade ambiental e para a melhoria da qualidade de vida [...] A intenção maior desta proposta é a de resgatar experiências, reforçar iniciativas, possibilitar trocas, e criar um espaço regional de articulação ao mesmo tempo que se reveja as práticas educacionais tradicionais e se rediscuta o papel da escola. No caso específico das áreas de mananciais, é imprescindível entender problemas como o do lixo, de esgotamento das águas servidas e de desbarrancamentos, e as propostas de políticas públicas".

Como se vê, a quase totalidade dos exemplos acima citados provêm da área de educação ambiental. O movimento pela ecopedagogia encontra nessas práticas alimento para a sua trajetória de consolidação de um novo paradigma educacional. Ao mesmo tempo, essas práticas ganham uma dimensão maior, ultrapassando a visão ambientalista e local, compreendidas dentro de uma visão mais totalizadora do mundo. Esse encontro de projetos e vivências de educação ambiental com a reflexão teórica mais geral foi um dos pontos mais positivos do I Encontro Internacional sobre a *Carta da Terra na Perspectiva da Educação*, realizado em São Paulo, em 1999. Não há prática sem reflexão sobre a prática e não há teoria educacional válida sem referência a uma prática. **A pedagogia da Terra** só se consolidará pela reflexão sobre essas práticas, um movimento histórico-social associado a uma nova corrente de pensamento, fundada na ética, numa política do humano, numa visão sustentável da educação e da sociedade. O Movimento pela Ecopedagogia está apenas dando os primeiros passos, mas já está fazendo história.

Leitura

CARTA DA ECOPEDAGOGIA
Em defesa de uma pedagogia da Terra

*(Minuta de discussão – 1999 –
Movimento pela ecopedagogia)*

1 – Nossa Mãe-Terra é um organismo vivo e em evolução. O que for feito a ela repercutirá em todos os seus filhos. Ela requer de nós uma consciência e uma cidadania planetárias, isto é, o reconhecimento de que somos parte da Terra e de que podemos perecer com a sua destruição ou podemos viver com ela em harmonia, participando do seu devir.

2 – A mudança do paradigma economicista é condição necessária para estabelecer um desenvolvimento com justiça e equidade. Para ser sustentável, o desenvolvimento precisa ser economicamente factível, ecologicamente apropriado, socialmente justo, includente, culturalmente equitativo, respeitoso e sem discriminação. O bem-estar não pode ser só social; deve ser também sociocósmico.

3 – A sustentabilidade econômica e a preservação do meio ambiente dependem também de uma consciência ecológica e esta, da educação. A sustentabilidade deve ser um princípio interdisciplinar reorientador da educação, do planejamento escolar, dos sistemas de ensino e dos projetos político-pedagógicos da escola. Os objetivos e conteúdos curriculares devem ser significativos para o(a) educando(a) e também para a saúde do planeta.

4 – A ecopedagogia, fundada na consciência de que pertencemos a uma única comunidade da vida, desenvolve a solidariedade e a cidadania planetárias. A cidadania planetária supõe o reconhecimento e a prática da planetaridade, isto é, tratar o planeta como um ser vivo e inteligente. A planetaridade deve levar-nos a sentir e viver nossa cotidianidade em conexão com o universo e em relação harmônica consigo, com os outros seres do planeta e com a natureza, considerando seus elementos e dinâmica. Trata-se de uma opção de vida por uma relação saudável e equilibrada com o contexto, consigo mesmo, com os outros, com o ambiente mais próximo e com os demais ambientes.

5 – A partir da problemática ambiental vivida cotidianamente pelas pessoas nos grupos e espaços de convivência e na busca humana da felicidade, processa-se a consciência ecológica e opera-se a mudança de mentalidade. A vida cotidiana é o lugar do sentido da pedagogia pois a condição humana passa inexoravelmente por ela. A ecopedagogia implica uma mudança radical de mentalidade em relação à qualidade de vida e ao meio ambiente, que está diretamente ligada ao tipo de convivência que mantemos com nós mesmos, com os outros e com a natureza.

6 – A ecopedagogia não se dirige apenas aos educadores, mas a todos os cidadãos do planeta. Ela está ligada ao projeto utópico de mudança nas relações humanas, sociais e ambientais, promovendo a educação sustentável (ecoeducação) e ambiental com base no pensamento crítico e inovador, em seus modos formal, não formal e informal, tendo como propósito a formação de cidadãos com consciência local e planetária que valorizem a autodeterminação dos povos e a soberania das nações.

7 – As exigências da sociedade planetária devem ser trabalhadas pedagogicamente a partir da vida cotidiana, da subjetividade, isto é, a partir das necessidades e interesses das pessoas. Educar para a cidadania planetária supõe o desenvolvimento de novas capacidades, tais como sentir, intuir, vibrar emocionalmente; imaginar, inventar, criar e recriar; relacionar e interconectar-se, auto-organizar-se; informar-se, comunicar-se, expressar-se; localizar, processar e utilizar a imensa informação da aldeia global; buscar causas e prever consequências; criticar, avaliar, sistematizar e tomar decisões. Essas capacidades devem levar as pessoas a pensar e agir processualmente, em totalidade e transdisciplinarmente.

8 – A ecopedagogia tem por finalidade reeducar o olhar das pessoas, isto é, desenvolver a atitude de observar e evitar a presença de agressões ao meio ambiente e aos viventes e o desperdício, a poluição sonora, visual, a poluição da água e do ar etc. para intervir no mundo no sentido de reeducar o habitante do planeta e reverter a cultura do descartável. Experiências cotidianas aparentemente insignificantes, como uma corrente de ar, um sopro de respiração, a água da manhã na face, fundamentam as relações consigo mesmo e com o mundo. A tomada de consciência dessa realidade é profundamente formadora. O meio ambiente forma tanto quanto ele é formado ou deformado. Precisamos de uma ecoformação para recuperarmos a consciência dessas experiências cotidianas. Na ânsia de dominar o mundo, elas correm o risco de desaparecer do nosso campo de consciência, se a relação que nos liga a ele for apenas uma relação de uso.

9 – Uma educação para a cidadania planetária tem por finalidade a construção de uma cultura da sustentabilidade, isto é, uma biocultura, uma cultura da vida, da convivência harmônica entre os seres humanos e entre estes e a natureza. A cultura da sustentabilidade deve nos levar a saber selecionar o que é realmente sustentável em nossas vidas, em contato com a vida dos outros. Só assim seremos cúmplices nos processos de promoção da vida e caminharemos com sentido. Caminhar com sentido significa dar sentido ao que fazemos, compartilhar sentidos, impregnar de sentido as práticas da vida cotidiana e compreender o sem-sentido de muitas outras práticas que aberta ou solapadamente tratam de impor-se e sobrepor-se a nossas vidas cotidianamente.

10 – A ecopedagogia propõe uma nova forma de governabilidade diante da ingovernabilidade do gigantismo dos sistemas de ensino, propondo a descentralização e uma racionalidade baseadas na ação comunicativa, na gestão democrática, na autonomia, na participação, na ética e na diversidade cultural. Entendida dessa forma, a ecopedagogia se apresenta como uma nova pedagogia dos direitos, que associa direitos humanos – econômicos, culturais, políticos e ambientais – e direitos planetários, impulsionando o resgate da cultura e da sabedoria popular. Ela desenvolve a capacidade de deslumbramento e de reverência diante da complexidade do mundo e a vinculação amorosa com a Terra.

Questões para reflexão e aprofundamento dos temas

1 – *Faça comentários sobre os dois modos de ser-no-mundo, segundo Leonardo Boff, o trabalho e o cuidado.*

2 – *O que significa para você cada um dos dez princípios assumidos pelos signatários da* Carta da Terra Latino-Americana?

3 – *Comente os valores que podem nos ajudar a construir um planeta e uma vida mais sustentável.*

4 – *O que significa para você a felicidade gratuita e a felicidade comprada e vendida?*

5 – *Como você participaria do Movimento pela Ecopedagogia? Quais ações você indicaria para que ele fosse mais conhecido?*

6 – *Quais os temas mais urgentes que o Movimento pela Ecopedagogia deveria abordar?*

7 – *Como manter ativo o Movimento pela Ecopedagogia?*

8 – *Comente a necessidade de a ecopedagogia ser desenvolvida por todos e não apenas por educadores.*

9 – *Qual o papel da ecopedagogia no desenvolvimento sustentável do planeta?*

10 – *Quais ações você pode tomar para divulgar e tornar conhecida a ecopedagogia a seus familiares, seus amigos, sua comunidade e seu país?*

Conclusão

A TERRA COMO PARADIGMA

Gaia é igual vida. Muitos entendem que é ilegítimo considerar a Terra como um organismo vivo. Esta dimensão a Terra não teria. Enxergamos a vida apenas pela percepção que temos da nossa e da vida dos animais e das plantas. É verdade, não temos o distanciamento que tem, no espaço, os astronautas, mas podemos ter o mesmo distanciamento dos astronautas no tempo, muito mais dilatado que o nosso próprio tempo de vida. A "hipótese Gaia" (LOVELOCK, 1991; LUTZENBERGER, 1990), que concebe a Terra como um superorganismo complexo, vivo e em evolução, encontra respaldo na sua história bilionária. A primeira célula apareceu há 4 bilhões de anos (MARGULIS, 1990). De lá para cá o processo evolucionário da vida não cessou de se complexificar, formando ecossistemas interdependentes dentro do macrossistema Terra, que, por sua vez, é um microssistema se comparado com o macrossistema universo. Só conseguimos entender a Terra como um ser vivo nos distanciando no tempo e no espaço.

A visão que os astronautas tiveram de longe transformou muito a eles e a nós mesmos, que não vivemos diretamente essa experiência fantástica. Não só ela foi vista como uma bola azul no meio da escuridão do universo, mas foi percebida como uma só unidade. Portanto, interferiu também na visão que temos de nós mesmos, como uma "única comunidade" (Leonardo Boff), como um "sistema vivo" (Fritjof Capra). Essa visão mexeu, portanto, com a nossa consciência, com o paradigma que nos orientava até então. Com a **consciência planetária** nasceu o exercício da **cidadania planetária**. Edgar Morin (1993, p. 69) nos diz que "a Terra não é a soma de um planeta físico, mais a biosfera, mais a humanidade. A Terra é uma totalidade complexa físico/biológica/antropológica, onde a vida é uma emergência da história da Terra, e o homem, uma emergência da história da vida terrestre. A vida é uma força organizadora biofísica em ação na atmosfera que ela criou, sobre a terra, sob a terra, nos mares, onde ela se espalhou e se desenvolveu. A humanidade é uma entidade planetária e biosférica". Morin nos apresenta as características da consciência terrestre que adquirimos depois de cinco séculos de consciência planetária (o primeiro globo terrestre apareceu em Nuremberg, na Alemanha, em 1492, ano da descoberta da América por

Colombo). A era planetária começou com a descoberta, nesta época, de que a Terra era um planeta, trazido pelos grandes navegadores que deram a volta ao seu redor. Hoje descobrimos mais. Segundo ele, "nós estamos perdidos no cosmos; a vida é solitária dentro do sistema solar e sem dúvida dentro da galáxia; a Terra, a vida, o homem, a consciência são frutos de uma aventura singular, o homem faz parte da comunidade da vida, embora a consciência humana seja solitária; a comunidade de destino da humanidade, que é própria da era planetária, deve inscrever-se na comunidade do destino terrestre [...] Eis-nos, portanto, minúsculos humanos, sobre a minúscula película de vida que cobre a superfície de um minúsculo planeta perdido diante do gigantíssimo universo (que talvez é ele mesmo minúsculo num proliferante pluriverso). Mas, ao mesmo tempo, este planeta é um mundo, a vida é um universo borbulhante de bilhões e bilhões de indivíduos, e cada ser humano é um cosmos de sonhos, de aspirações e de desejos" (MORIN, 1993, p. 70-1). É essa consciência que nos faz descobrir a Terra como nossa pátria comum. Essa tomada de consciência pode transformar-se numa grande oportunidade para um novo começo, para dar nascimento a um novo destino nesse processo de civilização da Terra.

O novo paradigma coloca em questão o velho **paradigma racionalista** da cultura ocidental e cristã. Francisco Gutiérrez, dando continuidade aos estudos feitos sobre a pedagogia da comunicação e sua conhecida "linguagem total", num pequeno texto cujo título é *Siento, percibo, sueño, amo... ergo sum* (GUTIÉRREZ, 1990), faz uma análise crítica das categorias racionais da cultura ocidental cristã e suas repercussões na educação. Essa cultura resume o processo do conhecimento à capacidade de raciocínio. Ele critica o cartesianismo (*cogito, ergo sum*) dessa cultura. É mais fácil "pensar racionalmente do que imaginar", diz ele, porque "raciocinar é repetir, enquanto imaginar é criar" (idem, ibid., p. 7). Ao contrário de Descartes ele sustenta: "sinto, percebo, sonho, amo... portanto sou".

Com base nesta tese, afirma "a definição do homem como um animal racional, e fundamentar a cultura nessa definição trouxe consequências nefastas para a humanidade" (idem, ibid., p. 9). Parte da constatação de que "o conhecimento racional, próprio de nossa cultura ocidental cristã, desde os gregos, se constituiu como a forma mais importante de conhecimentos" (idem, ibid.). Desde então houve uma verdadeira violência racional. O homem não é só *coração*, mas é mais do que um animal racional, como queria Aristóteles. É *razão* e é também *intuição*.

Para Gutiérrez, essa violência da razão revela-se principalmente nas instituições, tais como a *família*, a *escola* e as *igrejas*. "Na família a racionalidade se impõe até obrigar os cônjuges a permanecer debaixo do mesmo teto mesmo que se odeiem. No currículo da escola, o importante são as disciplinas racionais como a matemática, a física, a química etc. [...] chegando ao desprezo ou menosprezo daquelas disciplinas que têm a ver com a vida e a arte, a música, a dança, a pintura etc. A estrutura e o poder hierárquico das igrejas terminam impondo-se, e, com frequência, matando toda profecia que é um dos dons mais manifestos do Espírito" (idem, ibid., p. 10).

A razão como valor supremo revela-se no racionalismo científico: o poder político, econômico, religioso e cultural tem-se apoderado do método científico "para marginalizar todas as outras formas de conhecimento que não estejam de acordo com os postulados básicos do sistema" (idem, ibid., p. 10). O racionalismo ocidental levou a toda sorte de irracionalismos políticos: o colonialismo, o totalitarismo, o nazismo, fascismo etc., enfim, à dominação e à prepotência dos mais fortes. No campo econômico, ele levou ao imperialismo, à exclusão e a toda sorte de dependência. A forma de pensar racional está submetida a uma lógica indutiva: desde que as premissas sejam consideradas válidas, as consequências são consideradas naturais, mesmo que levem à morte milhões de pessoas. O que importa como *verdade* e *moral* é a *coerência*, a *eficácia* e *produtividade* dessas instituições. O sistema tem de funcionar em *ordem*. Enquanto continuar hegemônica essa cultura, todos seremos vítimas de um imenso processo de dominação. A ecologia, baseada numa nova matriz científica e cultural, coloca em questão essa ordem baseada na violência contra as pessoas e na destruição do planeta.

Já no livro *Ecopedagogia e cidadania planetária*, escrito em espanhol em 1997 e publicado em português em 1999, Francisco Gutiérrez e Cruz Prado vão além da crítica ao *irracionalismo* da razão e apresentam uma pedagogia fundada num *novo paradigma*: a **ecopedagogia**. Para eles o "paradigma emergente" (p. 29) está sustentado em novas categorias interpretativas: passou-se de uma concepção mecanicista para uma visão holística e ecológica, de uma ciência mecânica que concebia o mundo linearmente, para uma dimensão quântica e complexa da realidade. "Categorias como as de espaço e tempo, e inclusive a da matéria, estão dando lugar à dimensão holística que obriga a considerar o mundo do ponto de vista das relações e integrações e não a partir de entidades isoladas" (GUTIÉRREZ e PRADO, 1999, p. 30). Baseando-se em Leonardo Boff (1995), Gutiérrez afirma que essa nova forma de significar o mundo supõe novos modos de pensar, de ser, de sentir, de agir... supõe novos valores e novos comportamentos. Enquanto o **paradigma clássico** racionalista, com sua lógica mecanicista, nega a subjetividade e, em nome do progresso, "saqueia a natureza e mata a vida", o **novo paradigma** "caracteriza-se pela promoção de uma lógica relacional e auto-organizacional que leva o ser humano a redescobrir o lugar que lhe corresponde dentro do conjunto harmonioso do universo" (idem, ibid.). O novo paradigma reconcilia a humanidade com o cosmos remetendo-nos aos primórdios do ser humano: "Conceber o universo, como o faz a moderna física quântica, como uma rede de relações intrinsecamente dinâmica, é um dos aspectos essenciais da cosmovisão dos povos primitivos e que urge a reconciliação dos seres humanos e deste com o cosmos" (idem, ibid., p. 31). O ser humano é um a mais desses elementos geradores de relações e a ecologia é esta nova ciência das relações de todos os seres do universo. Por isso, frequentemente, a ecologia revaloriza em suas práticas as tradições dos povos mais antigos.

Para Leonardo Boff (1998, p. 71-2) no século XX ocorreram **três grandes mutações** que estão transformando a imagem do mundo: a) a *teoria da relatividade* de Einstein, conjugada com a física quântica, pelas quais se entende o universo "como um jogo de energias em permanente ação e relação"; b) o *princípio de indeterminação* de Heisenberg, aliado à biologia molecular, que apontam para o "caráter instável e probabilístico das partículas elementares" e "identifica o caráter auto-organizativo da matéria"; e c) a *ecologia integral*, que compreende o universo "como sendo uma complexíssima rede de energias e de matéria em permanente interação".

De certa forma é uma só descoberta descrita por alguns como teoria do caos ou teoria da incerteza. O físico francês Louis de Broglie (1892-1987) demonstrou, em 1924, que o elétron apresentava características tanto de um corpúsculo quanto de uma onda; demonstrou que a luz se comportava ora como partícula (fóton = quantum de luz) ora como onda eletromagnética, o que ele chamou de "dualidade onda-partícula". O físico alemão Werner Heisenberg (1901-76), no ano seguinte, propôs o *princípio da incerteza*: ele provou matematicamente que era impossível medir com precisão a posição e a velocidade de uma partícula subatômica no mesmo instante.

A **teoria quântica** em física caracteriza-se por não dividir o universo em objetos e partículas em entidades separadas, mas por concebê-lo como uma totalidade em expansão, em evolução, onde ocorrem diferentes processos e interações os quais o próprio observador está intrinsecamente implicado. Sujeito e objeto do conhecimento não estão separados. Razão, emoção e intuição são partes de um todo no ato de conhecer.

O novo paradigma é ao mesmo tempo *quebra* e *promessa*. Quebra, porque rompe com a prepotência da razão instrumental, e promessa, porque nos oferece razões novas para esperar um mundo melhor.

"O que está ocorrendo?", pergunta-se Leonardo Boff. E ele mesmo responde: "Estamos regressando à nossa pátria natal. Estávamos perdidos entre máquinas, fascinados por estruturas industriais, enclausurados em escritório de ar refrigerado e flores ressequidas, aparelhos eletrodomésticos e de comunicação e absortos por mil imagens falantes. Agora estamos regressando à grande comunidade planetária e cósmica. Fascina-nos a floresta verde, paramos diante da majestade das montanhas, enlevamo-nos com o céu estrelado e admiramos a vitalidade dos animais. Enchemo-nos de admiração pela diversidade das culturas, dos hábitos humanos, das formas de significar o mundo. Começamos a acolher e valorizar as diferenças. E surge aqui e acolá uma nova compaixão para com todos os seres, particularmente por aqueles que mais sofrem, na natureza e na sociedade. Sempre houve na humanidade tal sentimento e sempre irrompeu semelhante emoção, pois elas são humanas, profundamente humanas. Agora, entretanto, no transfundo da crise, elas ganham novo vigor e tendem a se disseminar e a criar um novo modo de ser, de sentir, de pensar, de valorar, de agir, de rezar, vale dizer, emerge um novo paradigma" (BOFF, 1995, p. 33-4). Não há como contestá-lo. Em sua fala de abertura na Conferência Intercontinental das Américas sobre a *Carta da Terra* (Cuiabá, 31 de novembro de 1998), Leonardo Boff sustentou que só via sentido em declarar a dignidade da Terra numa "Carta" se **três tarefas prévias** fossem cumpridas: o resgate do sagrado, o resgate do princípio feminino e a mutação de nosso estado de consciência. Eis um resumo do que ele nos disse.

O discurso ecológico ganha sentido em sintonia com nossa realidade materna, nossa Mãe-Terra, como algo **sagrado**. Para ele, o sagrado se constitui como uma experiência originária do ser humano e que ocorreu em todas as épocas da história, que liga o homem ao cosmo e que dá sentido à vida. Por isso é que ele mesmo, o ser humano, se constitui numa realidade sagrada. O primeiro passo, portanto, é recuperar o sagrado da Terra e do indivíduo, pois o modelo econômico dominante tirou a palavra de todas as coisas para que apenas a palavra humana falasse, virando as costas para a

Terra, explorando-a apenas, não a tratando como um grande sujeito vivo do qual nós somos filhos e filhas. Somente nossa relação pessoal com a Terra nos faz amá-la. E Leonardo Boff associa a vinda do novo milênio com essa nova consciência da Terra: "ele só virá", acrescentou, "quando essa relação pessoal com ela começar e acontecer".

A segunda tarefa ou pressuposto é o resgate do princípio feminino. Disse Boff que somos reféns de categorias dualistas como razão-emoção, humano-divino, homem-mulher. Usamos a razão para conquistar e perdemos de vista nossa capacidade de sentir o outro, de sermos sensíveis à dimensão espiritual, perdemos nossa capacidade de ternura, de benevolência, de compaixão. Não podemos falar de sagrado sem falar do princípio feminino, de nossa capacidade de enternecimento, de sensibilidade que existe em igual proporção em homens e mulheres, mas que é negado ao homem por causa de sua cultura machista. A mulher é educada para desenvolver mais o seu lado afetivo do que o homem. Somos seres de relação e o próprio cosmo está enredado numa rede complexíssima de relações. Não podemos nos reduzir à pura capacidade de raciocinar.

O terceiro pressuposto é a reforma da nossa consciência, que se dá por um processo pedagógico. Uma **mutação da consciência** se opera no momento em que sentirmos realmente que nós somos a própria Terra, a Terra que caminha. Somos a Terra que pensa, que ama, que venera, que celebra. Ela não contém vida. Ela é vida. Não temos a idade de quando nascemos, mas a idade de todo o universo. Quando se formaram as estrelas e os planetas, nós nos formamos também. É a mesma matéria. Como as estrelas, somos feitos de poeira cósmica. Somos os últimos dos grandes seres que entraram na história do universo. "Estamos ligados a essa imensa história que veio antes de nós, que passará por nós e vai além de nós", concluiu Leonardo Boff.

A maioria do público presente concordou tanto com Boff, que o coordenador da mesa, o ecologista Othon Leonardos, da Associação Brasileira de organizações não governamentais (Abong), afirmou a seguir que Boff havia se tornado um "símbolo de cada um de nós". Mas alguns manifestaram dificuldade em aceitar a linguagem "demasiado espiritualista" de Leonardo Boff. "Espírito", escreveu ele no livro *O despertar da águia* (BOFF, 1998, p. 89), "é aquela capacidade do ser humano pessoal e coletivo de sentir-se parte e parcela de um todo, de ligar e re-ligar cada coisa, de enxergar totalidades e de decifrar o Mistério que habita o universo e que resplende em cada ser". É a resposta que deu aos críticos.

Essa linguagem não é estranha na teologia. Há algumas décadas, o teólogo e antropólogo jesuíta Teilhard de Chardin (1881-1955) já declarava seu amor à Terra, devotando-se a Ela como havia se devotado a Deus. Por isso, como Boff, Chardin, pelo seu incompreendido "amor pela matéria", também foi perseguido pela Igreja. O texto seguinte de Chardin é admirável, sobretudo se levarmos em conta a época em que foi escrito (anos 1940), quando muito pouco se falava de ecologia:

> "*Laboriosamente, através e a favor da atividade humana, constitui-se, libera-se e depura-se a nova Terra. Não, não somos comparáveis aos elementos de um buquê, mas às folhas de uma árvore imensa, na qual tudo aparece a seu tempo e em seu lugar exato, à medida e por solicitação do Todo.*
>
> *A única religião daqui por diante possível para o homem é aquela que lhe ensinará, primeiro, a reconhecer, amar e servir apaixonadamente o Universo do qual ele faz parte.*
>
> *Eu escrevo estas linhas por exuberância de vida e por necessidade de viver – para exprimir uma visão apaixonada pela Terra e para procurar uma solução das dúvidas de minha ação – porque eu amo o Universo, suas energias, seus segredos, suas esperanças, e porque ao mesmo tempo devotei-me a Deus, única Origem, única Saída, único Termo. Quero deixar que se exale aqui o meu amor pela matéria e pela vida, e harmonizá-lo, se possível, com a adoração única do único Divino absoluto e definitivo".*

Chardin estava preocupado em diminuir a distância existente entre religião e ciência. Para ele, a história do Cristianismo se identificava com a própria história do universo. Na história do universo o ponto crucial seria a vida de Cristo ao mundo. Otimista, ele acreditava num princípio auto-organizador do universo em cujo centro estaria o humano. Não acreditava que o ser humano seria capaz de destruir o planeta, esperando que a ciência e a tecnologia acabassem por descobrir formas novas de sustentabilidade planetária.

A **espiritualidade**, reafirmada nesse novo contexto paradigmático, não é a mesma espiritualidade impregnada de misticismo e de manipulação político-ideológica. Não tem nada a ver com o consumo de serviços e produtos da mercorreligião atual nem com a mistificação de uma paz "doada de cima", sem conquista, sem luta pela justiça. Essa nova espiritualidade nada tem a ver com o misticismo pregado por certas escolas, que se autointitulam "do futuro". Não podem ser do futuro sem ser do presente. A integração com o cosmos não exclui a necessidade de voltar-se para o nosso mundo, que precisa ser transformado. Há muita fuga e, principalmente, muito marketing, nessas escolas nada "místicas", nada solidárias, pois competem acirradamente no mercado do ensino. A ternura, a alegria, o afeto, o abraço, a meditação, o silêncio, a beleza são valores essenciais da escola do futuro que queira ser transformadora. Mas nada disso pode ser levado em conta se se constituir apenas como uma fruição pessoal da vida, sem outricidade, sem alteridade, sem solidariedade, sem engajamento, sem compromisso. Ioga, meditação, mandalas, artes, jogos, dança, respiração adequada, ecologia podem ajudar, mas não substituem o **projeto político-pedagógico** da escola. Os conflitos podem ser diminuídos entre iguais, mas, como a mudança não é pacífica, eles estão necessariamente presentes nos seres em mudança. Por isso precisam ser trabalhados e não evitados como um mal em si mesmos.

Por que é importante discutir hoje a questão paradigmática nas ciências e, em particular, na ecologia? Porque a crise ecológica não é apenas resultante da crise do sistema econômico, mas também da crise de paradigmas, de uma cosmovisão, uma compreensão que temos de nossa relação com o cosmos, com a realidade, com a Terra. A cosmovisão ocidental cristã, capitalista e machista, sobrevaloriza o domínio da Terra. Orientados por essa cosmovisão nos aproximamos dela apenas na medida em que ela pode ser "útil" para nós.

Há alguns anos as Nações Unidas e a Unesco vêm trabalhando com o conceito da **cultura da paz**, promovendo a paz das mais distintas maneiras. Louváveis campanhas têm sido realizadas com o mais amplo apoio. Os resultados concretos não podem ser facilmente medidos num campo tão delicado e ainda tão pouco explorado. Lembro-me de haver discutido esse assunto com Paulo Freire, em 1986, quando ele foi receber da Unesco, em Paris, o Prêmio Educador da Paz. Ele leu-me, como costumava fazer muitas vezes, o pequeno texto que ia apresentar na cerimônia de entrega do prêmio, pedindo-me comentários. Fiz um único comentário, afirmando que o texto devia deixar claro que não poderia haver paz no mundo sem justiça. Paulo não só concordou, como disse que essa iria ser a tônica da sua fala. "Por que você insiste neste ponto?", perguntou-me ele. Eu observei que, desde os anos 1970, estava acompanhando os textos publicados sobre o tema pelas Nações Unidas e principalmente pela Unesco, e que estava notando que era um tema que havia sido dominado por uma visão despolitizada. Minha tese de doutorado havia tomado por base a concepção de *educação permanente* da Unesco. Disse a ele que esses organismos internacionais haviam achado um meio de agradar a todos e que grupos religiosos conservadores, ignorando os problemas sociais e os conflitos políticos, "passavam", por meio dessas organizações, sua visão de mundo e de paz, baseada na contemplação, na renúncia à luta pela justiça. Eu achava, e continuo achando, que esse caminho é muito perigoso e que era necessário apresentar uma outra visão que não reduzia a paz à contemplação. A paz não está separada da justiça.

Pela exemplaridade do texto de Paulo Freire sobre o tema, escrito em setembro de 1986, tomo a liberdade de transcrevê-lo abaixo na íntegra:

"No momento em que a Unesco me desafia, ao homenagear-me, não posso esquecer o quanto pude crescer no desempenho da atividade docente, desafiado também e aberto ao desafio de estudantes, às vezes jovens urbanos universitários de cidades várias do mundo, às vezes trabalhadores dos campos e de fábricas citadinas de pedaços vários do mundo.

Verifiquei, também, no meu convívio com trabalhadores e trabalhadoras urbanos e rurais que a leitura menos ingênua do mundo não significa ainda o compromisso com a luta pela transformação do mundo, muito menos a transformação mesma como parece ao pensamento idealista.

De anônimas gentes, sofridas gentes, exploradas gentes aprendi sobretudo que a paz é fundamental, indispensável, mas que a paz implica lutar por ela. A paz se cria, se constrói na e pela superação de realidades sociais perversas. A paz se cria, se constrói na construção incessante da justiça social. Por isso, não creio em nenhum esforço chamado de educação para a paz, que, em lugar de desvelar o mundo das injustiças, o torna opaco e tenta miopisar as suas vítimas.

Concluindo, me parece importante dizer que estou muito consciente da natureza de homenagens como a que acabo de receber. Elas não imobilizam, não paralisam, não arquivam os homenageados. Ao ressaltar o que fazem os desafiam para que continuem fazendo cada vez melhor. Estas homenagens têm uma dimensão basilar, oculta, com relação à qual os homenageados devem estar despertos. Elas são também um ato de advertência e de cobrança. Os homenageados não podem dormir em paz só porque receberam a homenagem. Eu me sinto cobrado a continuar a merecer a homenagem de hoje".

Precisamos buscar o verdadeiro sentido da paz e da não violência. Há campanhas realmente equivocadas, embora bem-intencionadas, neste campo. Frequentemente jovens são induzidos a fazerem campanha para que a população, principalmente a mais pobre, entregue as suas armas que compraram "para se defender". Grandes quantidades de armas são recolhidas e queimadas em fogueiras impressionantes. O desarmamento é certamente muito importante para a paz. Mas os que mais saem ganhando com essas campanhas são os fabricantes e distribuidores de armas, que imediatamente fazem a "campanha de reposição", com armas mais modernas. Campanhas desse tipo são louváveis pela conscientização que provocam na população, mas não podem ignorar o intocável fabricante de armas e seus distribuidores, com sua cultura armamentista, nem o complexo industrial militar que impera no planeta.

Um exemplo diferente é o da Aliança por Um Mundo Responsável e Solidário, que luta pela paz reconvertendo indústrias de armamentos, "símbolo da passagem de um período de conquistas e confrontações a um período de solidariedade e de aliança, tanto entre as sociedades quanto com a natureza" (FASE/PACS/POLIS, 1996, p. 25). É fácil obter consenso quando se trata do tema da paz. O que é difícil é conseguir resultados práticos neste campo, tamanho é o problema da **cultura da guerra** hoje no mundo – de cunho principalmente econômico – e o problema gerado pela ética do mercado a ela associado e que gera toda sorte de irresponsabilidades.

Não cabe a um documento geral como a *Carta da Terra*, por exemplo, apontar técnicas e métodos para superar esses problemas. Cabe, pelo menos, deixar clara qual é a sua visão do tema da paz. Declarações muito gerais podem contentar a todos, mas não levam à ação e, sobretudo, não mudam o rumo das coisas. A responsabilidade é um valor que resulta da consciência de nossa interdependência como seres humanos habitantes de um mesmo planeta. Ela se adquire pela educação e pela convivência. E aqui entra outro valor, o valor da comunidade de vida. Somos membros de uma só comunidade humana terrestre com um destino comum. A essência de uma cultura da paz é o **diálogo**, portanto, o espírito comunitário. E para sentir-se responsável, o membro de uma comunidade precisa participar de todas as decisões que dizem respeito a seu bem-estar na comunidade. Por isso cada indivíduo é respeitado por ela, harmonizando liberdade com responsabilidade, diversidade com unidade. Respeitar e cuidar têm também um componente afetivo traduzido pela compaixão e pela amorosidade. Valores são aceitos e respeitados muito mais a partir de uma sensibilidade de base do que racionalmente.

É verdade, o paradigma da razão instrumental nos conduziu à violência, como nos diz Gutiérrez (1990, p. 9). Mas há um **perigo** também no novo paradigma: ele pode nos levar à contemplação da natureza e até à mistificação da realidade, a uma espiritualidade canalizada por uma religiosidade baseada na passividade. Em vez da solidariedade e da luta pela justiça, estaríamos esperando por um mundo melhor sem trabalho, sem esforço, sem conquista, sem sacrifícios. Novos valores humanos que não levam em conta a complexidade e a contradição inerentes a todos os seres, objetos e processos destroem a possibilidade de uma mudança qualitativa em direção a um novo e necessário projeto civilizatório. Para nos dimensionar como membros de um imenso cosmos, para assumirmos novos valores, baseados na solidariedade, na afetividade, na transcendência e na espiritualidade, para superar a lógica da competitividade e da acumulação capitalista, devemos trilhar um caminho difícil. Nenhuma mudança é pacífica. Mas ela não se tornará realidade, orando, rezando, pelo nosso puro desejo de mudar o mundo. Como nos ensinou Paulo Freire, mudar o mundo é urgente, difícil e necessário. Mas para mudar o mundo é preciso conhecer, ler o mundo, entender o mundo, também cientificamente, não apenas emocionalmente. Tentar mudar o mundo mudando simplesmente o coração do homem e da mulher, sem mudar as estruturas, pode se constituir num álibi para deixar tudo como está.

O racionalismo deve ser condenado sem condenarmos o uso da razão. A lógica racionalista nos levou a saquear a natureza, nos levou à morte em nome do progresso. Mas a razão também nos levou à descoberta da planetaridade. A poética e emocionante afirmação dos astronautas de que a Terra era azul foi possível depois de milhares de anos de domínio racional das leis da própria natureza. Condenamos a **racionalização** sem condenar a **racionalidade**, como sustenta Habermas (1976). Ao chegar à Lua pela primeira vez, o astronauta Louis Armstrong afirmou: "um pequeno passo para o homem e um grande passo para a humanidade". Isso foi possível graças a um descomunal esforço humano coletivo que levou em conta todo o conhecimento técnico, científico e tecnológico acumulado até então pela humanidade. Isso não é nada desprezível. Se hoje formamos redes de redes no emaranhado da comunicação planetária pela Internet, isso foi possível graças ao uso tanto da imaginação, da intuição, da emoção, quanto da razão, pelo gigantesco e sofrido esforço humano para descobrir como podemos viver melhor neste planeta, como podemos interagir com ele. Fizemo-no de forma equivocada, é verdade. Consideramos-nos superiores pela nossa racionalidade e exploramos a natureza sem cuidado, sem respeito por ela. Não nos relacionamos com a Terra e com a vida com emoção, com afeto, com sensibilidade. Nesse campo estamos apenas engatinhando. Mas estamos aprendendo.

A ilustração não é melhor nem pior do que a iluminação. Seres ilustrados ou seres iluminados não são melhores nem piores. O que os torna melhores ou piores é a sabedoria que conquistaram em suas vidas na relação com os outros e consigo mesmos. O desencanto com o irracionalismo produzido pela civilização ocidental e cristã está jogando muitos pensadores nos braços de um novo irracionalismo. Este agora vindo do Oriente, menos cristão e talvez mais contemplativo. Milhares de turistas espirituais, esses novos peregrinos do "carma cola" (MEHTA, 1994), seguidores de gurus e de novos totens e animais sagrados, podem estar buscando sua realização humana em função de uma necessidade espiritual sentida. Mas essa busca é também uma fuga de si mesmos. Fogem do Ocidente e o levam junto consigo – ao Oriente ocidentalizado pela lógica do mercado das religiões – e esperam encontrar o que procuram num novo dogma, numa nova fé, nesse "nomadismo" (MAFFESOLI, 1998) religioso próprio da pós-modernidade. Muitos ficam decepcionados e enriquecidos espiritualmente apenas na medida em que aprendem que a grande lição da filosofia oriental não é a viagem ao Oriente; a grande viagem é aquela que fazemos dentro de nós mesmos. A ecologia ambientalista, que ignora esse princípio, não chegará, literalmente, a lugar nenhum, por mais passeios ecológicos e viagens que proporcionar.

Até o final do século XX e durante mais de dois séculos, vivemos orientados por dois paradigmas opostos e dialeticamente unidos: o *capitalismo* e o *comunismo*, ambos apoiados em rígidas concepções de mundo. O dogma é a pior de todas as irracionalidades e a arrogância, a pior de todas as características humanas. Como dizia Paulo Freire, a arrogância faz parte da natureza intrínseca da direita, mas num intelectual de esquerda é deformação. É possível aceitar que a economia de mercado, após a queda do Muro de Berlim e o fim da Guerra Fria, se universalizou. Mas não foi o modo de produção capitalista que se universalizou. Este está tão em crise quanto o socialismo e não chegou ainda em muitos lugares. O capitalismo se beneficiou mais da noção de democracia do que o socialismo real. É também uma das causas de sua maior aceitação popular, embora não seja a única causa. A ética socialista não pereceu, não desapareceu com a mundialização da economia de mercado. A exclusão provocada pela mundialização da economia de mercado deu-lhe ainda mais atualidade. O que mudou na última década do milênio foi a vivência de um novo paradigma e o surgimento de um novo patamar civilizatório provocado tanto pela globalização do comércio, das comunicações, quanto pela exigência de uma governabilidade global para a qual os paradigmas clássicos não estão dando resposta adequada.

Estamos assistindo ao nascimento do cidadão planetário. Ainda não conseguimos imaginar todas as consequências desse evento singular. No momento sentimos, percebemos, nos emocionamos com esse fato, mas não conseguimos adequar nossas mentes e nossas formas de vida a esse acontecimento espetacular na história da humanidade. Percebemos, como Edgar Morin, que é necessário tudo ecologizar e, assim, ensaiamos a vida nesse nosso planeta cujos habitantes descobriram a planetaridade. O que podemos fazer desde já? Podemos nos interrogar profundamente sobre os paradigmas que nos orientaram até hoje e ensaiar a vivência de um novo paradigma, que é a Terra vista como uma única comunidade.

Anexo

CARTA DA TERRA

*(Minuta do Documento de Referência
11 Abril de 1999)*

Preâmbulo

No nosso diverso mas crescente mundo interdependente, é urgente que nós, os povos da Terra, declaremos nossa responsabilidade uns aos outros, com a grande comunidade da vida e com as gerações futuras. Somos uma só família humana e uma só comunidade terrestre com um destino comum.

A humanidade é parte de um vasto universo evolutivo. A Terra, nosso lar, está viva com uma comunidade de vida única. O bem-estar dos povos e da biosfera depende da preservação do ar limpo, das águas puras, dos solos férteis, uma rica variedade de plantas, animais e ecossistemas. O meio ambiente global com seus recursos finitos é uma preocupação comum primordial para toda a humanidade. A proteção da vitalidade, diversidade e beleza da Terra é um dever sagrado.

A comunidade terrestre encontra-se em um momento decisivo. Com a ciência e a tecnologia chegaram grandes benefícios, mas também grandes prejuízos. Os padrões dominantes de produção e consumo estão alterando o clima, degradando o meio ambiente, esgotando os recursos e causando a extinção massiva das espécies. Um aumento dramático da população tem incrementado as pressões sobre os sistemas ecológicos e sobrecarregado os sistemas sociais. A injustiça, a pobreza, a ignorância, a corrupção, o crime e a violência e os conflitos armados aprofundam o sofrimento do mundo. São necessárias mudanças fundamentais nas nossas atitudes, valores e estilos de vida.

A escolha é nossa: cuidar da Terra e uns aos outros, ou participar da destruição de nós mesmos e da diversidade da vida.

À medida que se desenvolve uma civilização global, podemos escolher edificar um mundo verdadeiramente democrático, garantindo o cumprimento da lei e os direitos humanos de todas as mulheres, homens, meninas e meninos. Podemos respeitar a integridade de diferentes culturas. Podemos tratar a Terra com respeito, rejeitando a ideia de que a natureza é somente um conjunto de recursos a serem utilizados. Podemos perceber que nossos problemas sociais, econômicos, ambientais e espirituais encontram-se interligados e cooperar no desenvolvimento de estratégias integradas para solucioná-los. Podemos decidir equilibrar e harmonizar os interesses individuais com o bem comum, a liberdade com a responsabilidade, a diversidade com a unidade, os objetivos a curto prazo com as metas a longo prazo, o progresso econômico com o florescimento dos sistemas ecológicos.

Para realizar estas aspirações, devemos reconhecer que o desenvolvimento humano não se trata unicamente de ter mais, senão também de ser mais. Os desafios que a humanidade está enfrentando só podem ser superados se todas as pessoas adquirirem consciência de sua interdependência global, se identificarem elas mesmas com um mundo mais amplo e decidirem viver de acordo com responsabilidade universal. O espírito de solidariedade humana e de afinidade com toda a vida será fortalecido se vivermos com reverência às fontes do nosso ser, com gratidão pelo presente da vida e com humildade com respeito ao lugar que ocupa o ser humano na ordem mais extensa das coisas.

Tendo refletido sobre estas considerações, reconhecemos a urgente necessidade de uma visão compartilhada de valores básicos que proporcionará o fundamento ético para uma comunidade mundial emergente. Nós, portanto, afirmamos os seguintes princípios para o desenvolvimento sustentável. Comprometemo-nos como indivíduos, organizações, empresas de negócios, comunidades e nações a implementar estes princípios inter-relacionados e criar uma sociedade global em apoio ao seu cumprimento.

Juntos, com esperança, comprometemo-nos a:

I. PRINCÍPIOS GERAIS

1 – Respeitar a Terra e a vida,

reconhecendo a interdependência e o valor intrínseco de todos os seres; afirmando o respeito à dignidade inerente de toda pessoa e fé no potencial intelectual, ético e espiritual da humanidade.

2 – Cuidar a comunidade da vida em toda sua diversidade,

aceitando que a responsabilidade para com a Terra é compartilhada por todos; afirmando que esta responsabilidade comum toma diferentes formas para diferentes indivíduos, grupos e nações, dependendo da sua contribuição aos problemas existentes e dos recursos que tenham à disposição.

3 – Esforçar-se por edificar sociedades livres, justas, participativas, sustentáveis e pacíficas,

afirmando que a liberdade, o conhecimento e o poder coadjuvam responsabilidade e necessidade de autorrestrição moral; reconhecendo que as verdadeiras medidas do progresso são um nível decente de vida para todos e a qualidade das relações entre as pessoas e com a natureza.

4 – Garantir a abundância e a beleza da Terra para as gerações atuais e futuras,

aceitando o desafio perante cada geração de conservar, melhorar e ampliar sua herança natural e cultural, e transmiti-la a salvo às gerações futuras; reconhecendo que os benefícios e responsabilidades sobre o cuidado da Terra devem ser justamente compartilhados entre as atuais e futuras gerações.

II. INTEGRIDADE ECOLÓGICA

5 – Proteger e restaurar a integridade dos sistemas ecológicos da Terra, com especial preocupação pela diversidade biológica e pelos processos naturais que sustentam e renovam a vida.

Fazer com que a conservação ecológica seja parte integral de toda planificação e implementação do desenvolvimento;

Estabelecer reservas naturais e da biosfera representativas e viáveis, incluindo terras silvestres que sejam suficientes para manter a diversidade biológica da Terra e os sistemas que sustentam a vida;

Administrar a extração de recursos renováveis como alimentos, água e madeira, de tal forma que não danifique a capacidade de recuperação e produtividade dos sistemas ecológicos ou ameace a viabilidade das espécies individuais;

Promover a recuperação de espécies e populações em perigo através da conservação *in situ*, incluindo a proteção e a restauração de seus hábitats;

Tomar todas as medidas razoáveis para prevenir a introdução de espécies alheias ao ambiente por intermédio humano.

6 – Prevenir o dano ao ambiente, como o melhor método de proteção ecológica, e, quando o conhecimento for limitado, tomar a senda da prudência.

Dar especial atenção, dentro do processo de tomada de decisões, às consequências acumulativas, de longo prazo e globais resultantes das ações individuais e locais;

Impedir as atividades que ameacem o meio ambiente com danos irreversíveis ou sérios, ainda que a informação científica seja incompleta ou inconclusa;

Estabelecer normas de proteção ambiental e sistemas de monitoração que tenham a capacidade de detectar impactos humanos significativos no ambiente e fazer obrigatórias as avaliações e os relatórios de impacto ambiental;

Exigir que quem contamina seja responsabilizado e arque com os custos totais relativos à reparação dos danos causados;

Garantir que as medidas tomadas com o fim de prevenir ou controlar os desastres naturais, infestações e doenças sejam dirigidas às causas pertinentes e evitar efeitos nocivos secundários;

Fortalecer a obrigação internacional dos Estados de tomar todas as medidas de precaução razoáveis para prevenir os danos ambientais transfronteiriços.

7 – Tratar todos os seres vivos com compaixão e protegê-los de crueldade e de destruição desnecessária.

III. UMA ORDEM ECONÔMICA JUSTA E SUSTENTÁVEL

8 – Adotar padrões de consumo, produção e reprodução que respeitem e protejam as capacidades regenerativas da Terra, os direitos humanos e o bem-estar comunitário.

Eliminar resíduos nocivos e trabalhar para garantir que todos os resíduos possam ser ou consumidos por sistemas biológicos ou utilizados a longo prazo pelos sistemas industriais e tecnológicos;

Atuar com restrição e eficiência ao utilizar energia e outros recursos, e reduzir, reutilizar e reciclar materiais;

Depender cada vez mais dos recursos renováveis de energia, tais como o sol, o vento, a biomassa e o hidrogênio;

Estabelecer preços de mercado e indicadores econômicos que reflitam a totalidade dos custos ambientais e sociais das atividades humanas, tomando em conta o valor econômico dos serviços proporcionados pelos sistemas ecológicos;

Dar poder aos consumidores para que escolham os produtos sustentáveis em vez dos não sustentáveis, por meio da criação de mecanismos como a certificação e a etiqueta;

Proporcionar acesso universal ao cuidado da saúde que fomente a saúde reprodutiva e a reprodução responsável.

9 – Garantir que as atividades econômicas apoiem e promovam o desenvolvimento humano de forma equitativa e sustentável.

Promover a distribuição equitativa da riqueza;

Ajudar a todas as comunidades e nações no desenvolvimento dos recursos intelectuais, financeiros e técnicos para satisfazer suas necessidades básicas, proteger o ambiente e melhorar a qualidade de vida.

10 – Erradicar a pobreza como um imperativo ético, social, econômico e ecológico.

Estabelecer o acesso justo e equitativo à terra, aos recursos naturais, à capacitação, ao conhecimento e ao crédito, dando poder a toda pessoa de obter um meio de vida seguro e sustentável;

Gerar oportunidades de empregos produtivos e significativos;

Garantir que todas as pessoas tenham acesso à energia limpa e economicamente viável;

Reconhecer ao ignorado, proteger ao vulnerável, servir àqueles que sofrem e respeitar seu direito de desenvolver suas capacidades e alcançar suas aspirações;

Exonerar as nações em desenvolvimento de dívidas internacionais onerosas que impeçam o progresso para poder satisfazer necessidades humanas básicas por meio do desenvolvimento sustentável.

11 – Honrar e defender o direito de toda pessoa, sem discriminação, a um ambiente que favoreça sua dignidade, saúde corporal e bem-estar espiritual.

Garantir o direito humano à água potável, ao ar limpo, ao solo não contaminado, à segurança alimentar e à salubridade segura em ambientes urbanos, rurais e remotos;

Estabelecer a igualdade racial, religiosa, étnica e socioeconômica;

Garantir o direito dos povos indígenas à sua espiritualidade, conhecimento, terras e recursos, assim como às suas práticas tradicionais sustentáveis de alimentação;

Instituir o acesso efetivo e eficiente a procedimentos administrativos e judiciais, incluindo a reparação e o recurso, que permitam a todas as pessoas garantir seus direitos ambientais.

12 – Impulsar em nível mundial o estudo cooperativo dos sistemas ecológicos, a disseminação e aplicação do conhecimento e o desenvolvimento, adoção e transferência de tecnologias limpas.

Apoiar a investigação científica de interesse público;

Valorizar o conhecimento tradicional dos povos indígenas e as comunidades locais;

Avaliar e regular as tecnologias emergentes, tais como a biotecnologia, com respeito a seus impactos no ambiente, na saúde e na esfera socioeconômica;

Garantir que a exploração e o uso do espaço orbital e exterior apoiem à paz e ao desenvolvimento sustentável.

IV. DEMOCRACIA E PAZ

13 – Estabelecer o acesso à informação, à participação inclusiva na tomada de decisões e à transparência, credibilidade e responsabilidade no exercício do governo.

Garantir o direito de toda pessoa a ser informada sobre os desenvolvimentos ecológico, econômico e social que afetem sua qualidade de vida;

Estabelecer e proteger a liberdade de associação e o direito a dissentir em assuntos de política ambiental, econômica e social;

Garantir que estejam acessíveis e sejam do domínio público os recursos do conhecimento que sejam vitais para a satisfação das necessidades básicas e o desenvolvimento das pessoas;

Fazer efetiva a capacidade das comunidades locais de cuidar dos seus próprios ambientes e designar as responsabilidades para a proteção ambiental nos níveis de governo, que sejam mais efetivos para o seu cumprimento;

Criar mecanismos para que os governos, organizações internacionais e empresas prestem contas ao público sobre as consequências de suas atividades.

14 – Afirmar e promover a igualdade de gênero como pré-requisito do desenvolvimento sustentável.

Oferecer, com base na igualdade de gênero, acesso universal à educação, ao cuidado da saúde e ao emprego, com o fim de apoiar o desenvolvimento pleno da dignidade e o potencial de cada pessoa;

Estabelecer a participação total e equitativa das mulheres na vida civil, cultural, econômica, política e social.

15 – Fazer do conhecimento valores e habilidades necessárias para forjar comunidades justas e disponíveis para que sejam parte integral da educação formal e da aprendizagem ao longo da vida para todos.

Oferecer à juventude a capacitação e os recursos necessários para participar de forma efetiva na sociedade civil e nos assuntos políticos;

Animar a contribuição da imaginação artística e das humanidades, assim como a das ciências, na educação ambiental e no desenvolvimento sustentável;

Comprometer os meios de comunicação no desafio de educar plenamente o público sobre o desenvolvimento, e aproveitar as oportunidades educativas que oferecem as avançadas tecnologias de informação.

16 – Criar uma cultura de paz e cooperação.

Procurar a sabedoria e a paz interior;

Praticar a não violência, implementar estratégias integrais para prevenir conflitos violentos e utilizar a resolução colaborativa de problemas para manejar e resolver conflitos;

Ensinar a tolerância e o perdão, promover o diálogo e a colaboração intercultural e inter-religiosa;

Eliminar as armas de destruição massiva, promover o desarmamento, proteger o ambiente contra os danos severos causados pelas atividades militares, e converter os recursos militares para propósitos pacíficos;

Reconhecer que a paz é a integridade criada por relações equilibradas e harmônicas consigo mesmo, com outras pessoas, com outras culturas, com outras vidas, com a Terra e com o grande todo do qual somos parte.

UM NOVO COMEÇO

Como nunca antes na história da humanidade, o destino comum nos chama a redefinir nossas prioridades e a buscar um novo começo. Tal reação é a promessa destes princípios da Carta da Terra, os quais são o resultado de um diálogo em nível mundial à procura de um fundamento comum e valores compartilhados. O cumprimento desta promessa depende da ampliação e aprofundamento do diálogo global. Requer uma mudança interior – uma mudança no coração e na mente. Requer que tomemos ações decisivas para adotar, aplicar e desenvolver a visão da Carta da Terra local, nacional, regional e globalmente. Diferentes culturas e comunidades encontrarão suas próprias e distintas formas de expressar a visão e teremos muito que aprender uns dos outros.

Todo indivíduo, família, organização, corporação e governo têm um papel crítico a desempenhar. Os jovens são os atores fundamentais para a mudança. Deve-se forjar sociedades em todos os níveis. Nossos melhores pensamentos e ações surgirão da integração do conhecimento com o amor e a compaixão.

Para construir uma comunidade global sustentável, as nações do mundo devem renovar seu compromisso com as Nações Unidas, e desenvolver e implementar os princípios da Carta da Terra mediante a negociação para adotar um documento de caráter vinculador baseado na Minuta do Convênio Internacional sobre Meio Ambiente e Desenvolvimento da UICN. A Adoção do Convênio proverá às normas jurídicas e às políticas ambientais e de desenvolvimento sustentável um marco de referência legal integrado.

Podemos, se é a nossa vontade, aproveitar as possibilidades criativas diante de nós e inaugurar uma era de renovada esperança. Que o nosso tempo seja lembrado pelo despertar de uma nova reverência à vida, por um compromisso firme de restauração da integridade ecológica da Terra, pelo avivamento da luta pela justiça e pelo outorgamento de poder aos povos, pelo cumprimento dos compromissos de cooperação na resolução dos problemas globais, pelo manejo pacífico da mudança e pela jubilosa celebração da vida. Teremos êxito porque devemos fazê-lo.

BIBLIOGRAFIA

A CAMINHO da Agenda 21 Brasileira: princípios e ações 1991/1997. Brasília: MMA, 1997.

AGENDA 21. Conferência das Nações Unidas sobre Meio Ambiente e Desenvolvimento – 1992. Brasília: Senado Federal, 1996.

–. *O caso do Brasil:* perguntas e respostas. Brasília: MMA, 1998.

ALTVATER, Elmar. *O preço da riqueza:* pilhagem ambiental e a nova (des)ordem mundial. São Paulo: UNESP, 1995.

ANGEL, Augusto. *Hacia una sociedad ambiental.* Bogotá: El Labrador, 1989.

ASSMAN, Hugo. *Reencontrar a educação:* rumo à sociedade aprendente. Petrópolis: Vozes, 1998.

BARRÈRE, Martine. *Terra:* patrimônio comum. São Paulo: Nobel, 1995.

BATESON, Gregory. *Verso un'ecologia della mente.* Milano: Adelphi, 1976.

BERNAL, Natalia. *Global Education and Planetary Citizenship:* deconstructing illusions. São Paulo: IPF, 2000.

BERRY, Thomas. *O sonho da Terra.* Petrópolis: Vozes, 1991.

BLAUTH, Patrícia. Os resíduos educativos dos programas de reciclagem. *Jornal da USP*, ago. 1994.

BRANDÃO, Carlos Rodrigues. *Somos as águas puras.* Campinas: Papirus, 1994.

– (Org.). *O educador:* vida e morte. Rio de Janeiro: Graal, 1983.

BOFF, Leonardo. *Nova era:* a civilização planetária. São Paulo: Ática, 1994.

–. *Ecologia:* grito da Terra, grito dos pobres. São Paulo: Ática, 1995a.

–. *Princípio-Terra:* volta à Terra como pátria comum. São Paulo: Ática, 1995b.

–. Leonardo Boff prega a ecologia da libertação. *O Estado de S. Paulo*, São Paulo, 6 jun. 1993. Caderno Especial, p. 2.

–. *Ecologia, mundialização e espiritualidade.* São Paulo: Ática, 1996a.

–. Desafios ecológicos do fim do milênio. *Folha de S.Paulo*, São Paulo, 12 maio 1996b, p. 5-3-a.

–. *O despertar da águia:* o dia-bólico e o sim-bólico na construção da realidade. Petrópolis: Vozes, 1998.

–. *Saber cuidar:* ética do humano, compaixão pela terra. Petrópolis: Vozes, 1999.

BRESSO, Mercedes. *Per un'economia ecologica.* Roma: Nuova Italia Scientifica, 1993.

BRUNDTLAND, Gro Harlem (Org.). *Nosso futuro comum:* relatório da Comissão Mundial Sobre Meio Ambiente e Desenvolvimento. Rio de Janeiro: FGV, 1988.

BUARQUE, Cristovam. *A desordem do progresso:* o fim da era dos economistas e a construção do futuro. Rio de Janeiro: Paz e Terra, 1990.

BÜTTNER, Peter. *Mutação no educar:* uma questão de sobrevivência e da globalização da vida plena – o óbvio não compreendido. Cuiabá: UFMT, 1999.

CAMBI, Franco. *História da pedagogia.* São Paulo: UNESP, 1999.

CANEVACCI, Massimo. *A cidade polifônica.* São Paulo: Studio Novel, 1993.

CAPRA, Fritjof. *O ponto de mutação.* São Paulo: Cultrix, 1982.

–. O que é alfabetização ecológica. In: *Princípios de alfabetização ecológica*. São Paulo: Rede Mulher de Educação, 1993.

CARVALHO, Isabel Cristina de Moura. *Em direção ao mundo da vida:* interdisciplinaridade e educação ambiental. Brasília: Ipê, 1998.

CASCINO, Fábio Albeti. *Da educação ambiental à ecopedagogia:* reconstruindo um conceito, com base em uma análise complexiva e interdisciplinar. São Paulo: Edusp, 1996.
–. *História, princípios e formação de professores*. São Paulo: SENAC, 1999.
–, JACOBI, Pedro e OLIVEIRA, José Flávio de (Orgs.). *Educação, meio ambiente e cidadania:* reflexões e experiências. São Paulo: SMA/Ceam, 1998.

CASTORIADIS, Cornelius e COHN-BENDIT, Daniel. *Da ecologia à autonomia*. Coimbra: Centelha, 1983.

CASTRO, Manoel Cabral de. *Desenvolvimento sustentável e gestão ambiental na formulação de políticas públicas:* a experiência do Estado do Amapá. Macapá: Ceforh/Sema, 1998.

–. *Desenvolvimento sustentável:* a genealogia de um novo paradigma. Economia & Empresa, v. 3, n. 3, p. 22-3, jul./set. 1996.

CASTRO, Mary Garcia e ABRAMOVAY, Miriam. *Gênero e meio ambiente*. São Paulo:Cortez, 1997.

CAVALCANTI, Clóvis (Org.). *Desenvolvimento e natureza:* estudos para uma sociedade sustentável. São Paulo: Cortez, 1998.

CEAAL (Conselho de Educação de Adultos da América Latina). *Redes de educação ambiental no Brasil*. Piracibada: ESALQ/USP, 1993.

CEPAL/PNUD. *Transformación productiva com equidad*. Chile, Santiago: CEPAL, 1990.

CLUBE DE ROMA (Donella H. Meadows, Dennis L. Meadows, Jorgen Randers e William W. Behrens III). *Limites do crescimento*. São Paulo: Perspectiva, 1978.

COIMBRA, José de Ávila Aguiar. *O outro lado do meio ambiente*. São Paulo: CETESB, 1985.

COLAVITTI, Fernanda e ALBANO, Mauro. Ecopedagogia: lições da Terra. *Educação*, n. 222, ano 26, p. 28-30, out. 1999.

CONSELHO DA TERRA. *La Carta de la Terra:* valores y principios para un Futuro Sostenible. San José, Costa Rica: [Conselho da Terra], 1998.

CORAGGIO, José Luis. *Desenvolvimento humano e educação:* o papel das ONGs latino-americanas na iniciativa da Educação Para Todos. São Paulo: Cortez/IPF, 1996.

CORTINA, Adela. *Ciudadanos del mundo:* hacia una téoria de la ciudadanía. Madrid: Alianza, 1997.

D'AMBROSIO, Ubiratan. *A era da consciência*. São Paulo: Peirópolis, 1997.
–. *Transdisciplinaridade*. São Paulo: Palas Atena, 1997.
–. *Educação para uma sociedade em transição*. Campinas: Papirus, 1999.

DE ALBA, Alicia et al. *El libro de texto y la cuestión ambiental:* los contenidos ecológicos en el currículum de primaria. Ciudad de México: Universidad Autónoma, 1993.

DELEUZE, Giles. *Lógica do sentido*. São Paulo: Perspectiva, 1998.

DELORS, Jacques et al. *Educação:* um tesouro a descobrir – Relatório para a Unesco da Comissão Internacional sobre Educação para o Século XXI. 3.ed. São Paulo: Cortez, 1999.

DEMO, Pedro. *Participação e meio ambiente:* uma proposta educativa. São Paulo: Sema, 1985.

DIMENSTEIN, Gilberto. *O cidadão de papel.* São Paulo: Perspectiva, 1994.

DOWBOR, Ladislau. *A reprodução social:* propostas para uma gestão descentralizadora. Petrópolis: Vozes, 1998.

–, IANNI, Octávio e RESENDE, Paulo-Edgar (Orgs.). *Desafios da globalização.* Petrópolis: Vozes, 1998.

DURAND, Gilbert. *As estruturas antropológicas do imaginário:* introdução à arquetipologia geral. São Paulo: Martins Fontes, 1997.

–. *O imaginário:* ensaio acerca das ciências e da filosofia da imagem. Rio de Janeiro: Difel, 1998.

ERAZO, Ximena, LAGARRIGUE, M. Luz e Larráin, Soledad. (Org.). *Género, educación y desarrollo en América Latina y el Caribe.* Chile, Santiago: Servicio Universitario Mundial, 1997.

FASE, PACS, POLIS. *Plataforma por um mundo responsável e solidário.* Rio de Janeiro: 1996.

FERNANDES, Florestan. *O desafio educacional.* São Paulo: Cortez, 1989.

FERREIRA, Leila da Costa. *A questão ambiental:* sustentabilidade e políticas públicas no Brasil. São Paulo: Boitempo, 1998.

FÓRUM GLOBAL 92. *Tratados das ONGs:* aprovados no Fórum Internacional das Organizações Não-governamentais e Movimentos Sociais no âmbito do Fórum Global Eco-92. Rio de Janeiro: Fórum das ONGs, 1992.

FREIRE, Paulo. *Educação e atualidade brasileira.* Recife: Universidade do Recife, 1959.

–. *À sombra desta mangueira.* São Paulo: Olho d'Água, 1995.

–. *Pedagogia da autonomia:* saberes necessários à prática educativa. São Paulo: Paz e Terra, 1997.

FREITAG, Bárbara (Org.). *A educação formal:* entre o comunitarismo e o universalismo – Anuário de Educação 95/96. Rio de Janeiro: Tempo Brasileiro, 1996.

FURTADO, Celso. *O mito do desenvolvimento econômico.* Rio de Janeiro: Paz e Terra, 1996.

GADOTTI, Moacir. *Pedagogia da práxis.* São Paulo: Cortez, 1995.

–. *Perspectivas atuais da educação.* Porto Alegre: Artes Médicas, 2000.

– (Org.). *Educação de jovens e adultos*: a experiência do Mova SP. São Paulo: Instituto Paulo Freire, 1996.

GALEANO, Eduardo. *De pernas pro ar:* a escola do mundo ao avesso. Porto Alegre: L&PM, 1999.

GARDNER, Howard. *Estruturas da mente:* a teoria das inteligências múltiplas. Porto Alegre: Artes Médicas, 1994.

GAUDIANO, Edgar González. *Elementos estratégicos para el desarrollo de la educación ambiental en México:* Ciudad de México: Instituto Nacional de Ecologia, 1994.

GEBARA, Ivone. *Teologia ecofeminista:* ensaio para repensar o conhecimento e a religião. São Paulo: Olho d'Água, 1997.

GEVERTZ, Rachel (Coord.). *Em busca do conhecimento ecológico:* uma introdução à metodologia. São Paulo: Edgard Blücher, 1995.

GIDDENS, Antony. *Para além da direita e da esquerda.* Marília: Edunesp, 1995.

GIOLITTO, Pierre. *Educazione ecologica.* Roma: Armando, 1983.

GLEISER, Marcelo. *A dança do universo:* dos mitos da criação ao big bang. São Paulo: Companhia das letras, 1997.

–. *Retalhos cósmicos.* São Paulo: Companhia das Letras, 1999.

GOLDENBERG, Mirian (Org.). *Ecologia, ciência e política*. Rio de Janeiro: Revan, 1992.

GOLDMANN, Lucien. *Dialética e cultura*. Rio de Janeiro: Paz e Terra, 1979.

GONÇALVES, Carlos Walter Porto. *Os (des)caminhos do meio ambiente*. São Paulo: Contexto, 1999.

GORE, Albert. *A Terra em balanço:* ecologia e o espírito humano. São Paulo: Augustus, 1993.

GOROSTIAGA, Xavier. Comezó el siglo XXI, el norte contra el sur – capital contra trabajo. In

GOULD, Stephen Jay. É preciso arte para negociar com a Terra. *O Estado de S. Paulo*, Caderno Especial, p. 3-4, jun. 1993.

GRUPO DE LISBONA. *I limiti della competitività*. A cura di Riccardo Petrella: prefazione di Rossana Rossanda. Roma: Transizioni, 1995.

GUATTARI, Félix. *As três ecologias*. Campinas: Papirus, 1989.

GUTIÉRREZ, Francisco. *Siento, percibo, sueño, amo... ergo sum*. Costa Rica, Heredia: Ilpec, 1990.

–. *Pedagogia para el desarrollo sostenible*. Costa Rica, Heredia: Editorialpec, 1994.

–. *Ciudadania planetaria*. Costa Rica, Heredia: (faculdade), 1996. (mimeogr.)

– e PRIETO, Daniel. *A mediação pedagógica:* educação a distância alternativa. Campinas: Papirus, 1994a.

–. *La mediación pedagogica para la educación popular*. San José: Radio Nederland Training Centre, Icea-La/Ilpec, 1994b.

– e PRADO, Cruz. *Ecopedagogia e cidadania planetária*. São Paulo: Cortez, 1999.

HABERMAS, Jürgen. *La téchnique et la science comme "ideologie"*. Paris: Gallimard, 1976.

HELLER, Agnes. *O cotidiano e a história*. São Paulo: Paz e Terra, 1985.

HESSE, Herman. *Sidarta*. 35.ed. Rio de Janeiro: Record, 1994.

HOGAN, Daniel. Crescimento populacional e desenvolvimento sustentável. Lua Nova, v. 31, 57-78, 1993.

– e VIEIRA, Paulo Freire (Orgs). *Dilemas socioambientais e desenvolvimento sustentável*. Campinas: Unicamp, 1992.

HUTCHISON, David. *Educação ecológica*. Porto Alegre: Artmed, 2000.

IANNI, Octavio. *A sociedade global*. Rio de Janeiro: Civilização Brasileira, 1992.

–. *A era do globalismo*. Rio de Janeiro: Civilização Brasileira, 1996.

ILLICH, Ivan. *La convivalité*. Paris: Seuil, 1973.

–. *Énergie et équité*. Paris: Seuil, 1973a.

INSTITUTO Paulo Freire. *Resumos do Primeiro Encontro Internacional da Carta da Terra na Perspectiva da Educação*. São Paulo: IPF, 1999.

JACOBI, Pedro. Sustentabilidade e mudança sociocultural. *Debates socioambientais*, ano 5, n. 12, p. 17-8, 1999.

KORCZAK, Janusz. *Como amar uma criança*. Rio de Janeiro: Paz e Terra, 1983.

KRANZ, Patrícia. *Pequeno guia da Agenda 21 local*. Rio de Janeiro: Secretaria Municipal de Meio Ambiente, 1995.

KUHN, Thomas. *A estrutura das revoluções científicas*. São Paulo: Perspectiva, 1978.

LAGO, Antônio e PÁDUA, José Augusto. *O que é ecologia.* São Paulo: Brasiliense, 1994.

LANDIN, Leilah (Org.). *Sem fins lucrativos:* as Organizações Não Governamentais no Brasil. Rio de Janeiro: Iser, 1988.

LANGENBACH, Mirian. Escola antiecológica. *Jornal do Brasil.* Rio de Janeiro, Caderno Ideias, jun. 1994.

LEFF, Enrique. *Ecología y capital, racionalidad ambiental, democracia participativa y desarrollo sustentable.* Ciudad de México: Siglo XXI, 1994.

—. Educação ambiental e desenvolvimento sustentável. In: REIGOTA, M. *Verde cotidiano:* o meio ambiente em discussão. Rio de Janeiro: DP&A, 1999.

— (Org.). *La Complejidad ambiental.* Ciudad de México: Siglo XXI, 2000.

LEIS, Hector Ricardo. *A modernidade insustentável:* as críticas do ambientalismo à sociedade contemporânea. Petrópolis: Vozes, 1999.

— (Org.). *Ecologia e política mundial.* Petrópolis: Vozes, 1991.

LEONEL, Mauro. *A morte social dos rios:* conflito, natureza e cultura na Amazônia. São Paulo: Perspectiva, 1998.

LEVY, Pierre. *As tendências da inteligência:* o futuro do pensamento na era da informática. Rio de Janeiro: Trinta e Quatro, 1993.

—. *O que é o virtual.* Rio de Janeiro: Trinta e Quatro, 1995.

LIMA, Gustavo F. da Costa. O debate da sustentabilidade na sociedade insustentável. *Política e Trabalho,* p. 201-22, 1997.

LOVELOCK, James. *Gaia:* um novo olhar sobre a vida na Terra. Lisboa: Edições 70, 1987.

—. *As eras de Gaia:* a biografia da nossa Terra viva. São Paulo: Campus, 1991.

LUTZENBERGER, José. *Gaia, o planeta vivo.* Porto Alegre: L&PM, 1990.

MACHADO, Antônio. *Poesias completas.* 14.ed. Madrid: Espasa-Calpe, 1973.

MAFFESOLI, Michel. *Logique de la domination.* Paris: Presses Universitaires de France, 1976.

—. *O tempo das tribos:* o declínio do individualismo nas sociedades de massa. Rio de Janeiro: Forense Universitária, 1998.

MAFRA, Jason Ferreira. *Sustentabilidade planetária e terraplanetaridade.* São Paulo: FE-USP, 1999.

MARCUSE, Herbert. *One-dimensional man:* studies in the ideology of advanced industrial society. Boston: Beacon Press, 1964.

MARGULIS, Lynn. *Microcosmos:* quatro bilhões de anos de evolução microbiana. Lisboa: Edições 70, 1990.

MATRE, Steve van. *Earth education:* a new beginning. Warrenville: The Institute for Earth Education, 1992.

MATSUSHIMA, Kazue. *Educação ambiental.* São Paulo: Cetesb, 1987.

— et al. *Educação ambiental:* guia do professor de 1º e 2º graus. São Paulo: SEMA, 1987.

MATURANA, Humberto. *Emociones y lenguaje en educación y Política.* Chile, Santiago: Dolmen, 1989.

— e VARELA, Francisco. *A árvore do conhecimento:* as bases biológicas do conhecimento humano. Campinas: Psy, 1995.

MAZZONI, Alfredo (Org.). *Ambiente, cultura, scuola.* Milano: Franco Angeli, 1988.

McLUHAN, Herbert M. *Understanding Media:* the Extentions of Man. New York: McGraw Hill, 1964.
–. *The Global Village.* New York: Oxford University Press, 1992.

MEADOWS, D. et al. *Os limites do crescimento.* São Paulo: Perspectiva, 1972.

MEDINA, Naná Mininni. Elementos para a introdução da dimensão ambiental na educação escolar – 1º grau. In: IBAMA. *Amazônia:* uma proposta interdisciplinar de educação ambiental. Brasília: IBAMA, 1994. p. 13-77.

MEHTA, Gita. *Karma Cola:* marketing the mystic East. New York: Vintage International, 1994.

MIGLIORI, Regina de Fátima. *Ética, valores humanos e transformação.* São Paulo: Peirópolis, 1998.

MINC, Carlos. *Ecologia e cidadania.* São Paulo: Moderna, 1998.

MORIN, Edgar. *Complexidade e Transdiciplinaridade:* a reforma da universidade e do ensino fundamental. Natal: EDUFRN, 1999.

– e KERN, Anne Brigitte. *Terre-Patrie.* Paris: Seuil, 1993.

MOSCA, Juan José e AGUIRRE, Luiz Pérez. *Direitos humanos:* pautas para uma educação libertadora. Petrópolis: Vozes, 1990.

NEGROPONTE, Nicholas. *A vida digital.* São Paulo: Companhia das Letras, 1995.

NICOLESCU, Basarab. *La transdisciplinarité.* Paris: Rocher, 1996.

NOVAES, Washington. A construção da sustentabilidade. *O Estado de S. Paulo.* São Paulo, 7 jan. 2000, p. 2.

NÓVOA, Antônio (Org.). *As organizações escolares em análise.* Lisboa: Dom Quixote, 1992.

PELIZZOLI, Marcelo Luiz. *A emergência do paradigma ecológico:* reflexões ético-filosóficas para o século XXI. Petrópolis: Vozes, 1999.

PETRAGLIA, Izabel Cristina. *Olhar sobre o olhar que olha:* a complexidade para além do holismo? Uma releitura de Edgar Morin. São Paulo, 1998. Doutoramento) – FE-USP.

PETRELLA, Ricardo (Org.). *I limiti della competitività.* Roma: Transizioni, 1995. (Relatório do "Grupo de Lisboa").

PIAGET, Jean. "L'épistemologie des relations interdisciplinaires". In: OCDE/CERI. *L'interdisciplinarité:* problèmes d'enseignement et de recherche dans les universités. Paris: OCDE, 1972.

PIKE, Graham e SELVY, David. *Educação global:* o aprendizado global. São Paulo: Textonovo, 1999.

PINEAU, Gaston (Org.). *De l'air:* essai sur l'écoformation. Paris: Paideia, 1992.
–. *Education et alternance.* Tours: Université de Tours, 1998. (Document de recherche, 10).

PNUD. *Human development report.* New York: PNUD, 1993.

PRIMAVESI, Ana. *Agroecologia, ecosfera, tecnosfera e agricultura.* São Paulo: Nobel, 1997.

RATTNER, Henrique. Desenvolvimento sustentável: tendências e perspectivas. In: *A Terra gasta:* a questão do meio ambiente. São Paulo: Educ, 1993.

RAZETO, Luís. *Economia de solidaridad y mercado democrático.* Chile, Santiago: Academia de Humanismo Cristiano, 1985 (v. 1), 1986 (v.2) e 1988 (v.3).

REIGOTA, Marcos. *O que é educação ambiental.* São Paulo: Brasiliense, 1994.
–. *A floresta e a escola:* por uma educação ambiental pós-moderna. São Paulo: Cortez, 1999.

RIOS, Terezinha Azerêdo. *Ética e competência.* São Paulo: Cortez, 1993.

ROCKEFELLER, Steven C. *Principles of environmental conservation and sustainable development:* summary and survey. Prepared for the Earth Charter Project. San José: Conselho da Terra, 1996.

ROMÃO, José Eustáquio. *Dialética da diferença:* o projeto da Escola Cidadã frente ao projeto pedagógico neoliberal. São Paulo: 1997. (Tese de Doutorado em FE-USP).

ROUSSEAU, Jean-Jacques. *Émile ou de l'éducation.* Paris: Garnier-Flammarion, 1966.

SACHS, Ignacy. *Ecodesenvolvimento:* crescer sem destruir. São Paulo: Vértice, 1986.
–. *Espaços, tempos e estratégias do desenvolvimento.* São Paulo: Vértice, 1986a.

SADER, Eder. *Quando novos personagens entram em cena.* Rio de Janeiro: Paz e Terra, 1988.

SANTOS, Boaventura de Sousa. *Pela mão de Alice:* o social e o político na pós-modernidade. São Paulo: Cortez, 1995.

SARAMAGO, José. *Todos os nomes.* São Paulo: Companhia da Letras, 1998.

SCHMIED-KOWARZIK, Wolfdietrich. *O futuro ecológico como tarefa da filosofia.* São Paulo: IPF, 1999. (Cadernos de Ecopedagogia, 4).

SERRES, Michel. *O contato natural.* Rio de Janeiro: Nova Fronteira, 1990.
–. *Filosofia mestiça:* le tiers-instruit. São Paulo: Brasiliense, 1993.

SILVA, Tomáz Tadeu. *Documentos de identidade:* uma introdução às teorias do currículo. Belo Horizonte: Autêntica, 1999.

SINGER, Paul. Economia solidária contra o desemprego. *Folha de S.Paulo,* 11 jul. 1996, p. 3.

SKÁRMETA, Antonio. *O carteiro e o poeta.* 11. ed. Rio de Janeiro – São Paulo: Record, 1997.

SORRENTINO, Marcos. Educação ambiental: participação e organizações ambientalistas. In: *A Terra gasta:* a questão do meio ambiente. São Paulo: Educ, 1993.
–. *Educação ambiental e universidade.* São Paulo: FEUSP, 1995. (Tese de Doutorado).

SWIMME, Brian e BERRY, Thomas. *The universe stoty:* from the primordial flaring forth to the Ecozoic era – a celebration of the unfolding of the cosmos. San Francisco: Harper Collins, 1992.

TAMAMES, Ramon. *Crítica dos limites do crescimento:* ecologia e desenvolvimento. Lisboa: Dom Quixote, 1982.

TAMARIT, José. *Educar o soberano:* crítica ao iluminismo pedagógico de ontem e de hoje. São Paulo: IPF/Cortez, 1996.

TORRES, Carlos Alberto. *Democracy, education and multiculturalism:* dilemmas of Citizenship in a Global World. New York: Rowman & Littlefield, 1998.

TRAJBER, Raquel e MANZOCHI, Lúcia Helena (Coord.). *Avaliando a educação ambiental no Brasil:* materiais impressos. São Paulo: Gaia, 1996.

UNESCO. Educação para um futuro sustentável: uma visão transdisciplinar para ações compartilhadas. In: Conferência Internacional sobre Meio Ambiente e Sociedade: Educação e conscientização pública para a sustentabilidade. Brasília: IBAMA, 1999.

VIO GROSSI, Francisco. La sociedad ecológica: nuevos paradigmas, ecología y desarrollo. In: CONTRERAS, Carlos (Org.). *El desarrollo social tarea de todos.* Chile, Santiago: Comisión sudamericana de Paz, Seguridad y Democracia.1994.

VIOLA, Eduardo J. et al. *Meio ambiente, desenvolvimento e cidadania:* desafios para as Ciências Sociais. São Paulo: Cortez, 1995.

O AUTOR

Moacir Gadotti é professor titular da Universidade de São Paulo (USP), diretor do Instituto Paulo Freire e autor de várias obras, entre elas, *A educação contra a educação* (Paz e Terra, 1979, francês e português), *Convite à leitura de Paulo Freire* (Scipione, 1988, português, espanhol, inglês, japonês e italiano), *História das ideias pedagógicas* (Ática, 1993, português e espanhol), *Pedagogia da práxis* (Cortez, 1994, português, espanhol e inglês) e *Perspectivas atuais da educação* (Artes Médicas, 1999).

Este livro é resultado de diversas reflexões debatidas em diferentes encontros e congressos e particularmente na Conferência Continental das Américas, em dezembro de 1998, em Cuiabá (MT), e durante o I Encontro Internacional da *Carta da Terra na Perspectiva da Educação*, organizado pelo Instituto Paulo Freire, com o apoio do Conselho da Terra e da Unesco, de 23 a 26 de agosto de 1999, em São Paulo. O autor vem acompanhando esse tema desde 1992, quando representou a Icea (International Community Education Association) na Rio-92 (Conferência das Nações Unidas sobre Meio Ambiente e Desenvolvimento), chamada de "Cúpula da Terra", que elaborou e aprovou a *Agenda 21*. No Fórum Global-92, na mesma época, coordenou, ao lado de Moema Viezer, Fábio Cascino, Nilo Diniz e Marcos Sorrentino, a Jornada Internacional de Educação Ambiental, que elaborou o *Tratado de Educação Ambiental para Sociedades Sustentáveis e Responsabilidade Global*. Este texto retoma e desenvolve ideias tratadas inicialmente no seu livro *Perspectivas Atuais da Educação,* publicado pela Editora Artes Médicas de Porto Alegre.

Para participar do Movimento pela Ecopedagogia, entre em contato com:

Gustavo Belic Cherubine
Coordenador do Programa de Ecopedagogia
São Paulo – SP– Brasil
Instituto Paulo Freire
cherubin@paulofreire.org
ipf@paulofreire.org

Natalia Bernal
Movimento pela Ecopedagogia
Coordenadora Internacional
Santa Cruz – Califórnia – Estados Unidos
Instituto Paulo Freire
tortuga77@hotmail.com
ipf@paulofreire.org

MISSÃO

Contribuir para a construção de um mundo
mais solidário, justo e harmônico, publicando literatura
que ofereça novas perspectivas para a compreensão
do ser humano e do seu papel no planeta.

EDITORA
Peirópolis

A gente publica o que gosta de ler:
livros que transformam!